U0124689

教育部人文社會科學研究項目
“古寫本《尚書》異文研究”（11YJCZH245）結項成果

聊城大學學術著作出版基金資助

古寫本《尚書》異文研究

趙立偉　著

社會科學文獻出版社
SOCIAL SCIENCES ACADEMIC PRESS (CHINA)

目　録

第一章　緒論

第一節　選題宗旨與具體目標

《尚書》是中國現存最早的古代史籍，也是最爲重要的儒家經典之一，對中國古代的政治制度、思想文化産生了重要而深遠的影響，是研究中國歷史文化不可或缺的重要典籍。由於時代久遠，《尚書》在文本、内容和文字方面都經歷了曲折而複雜的變化，因此也是流傳過程最爲曲折、文字歧異最爲複雜的典籍。這些差異的産生不僅引起字形的訛誤、用字的變化，同樣也引起經義及訓讀的差異，而要解釋這些差異産生的原因，則需要將各種字體的本子集成一編，看它因文字變遷而沿誤的文句有多少，從而最大限度地瞭解各種《尚書》文本的真實面貌。當今所見各類寫本無疑是歷代各類《尚書》文本之大宗，這些寫本主要指魏晉以降至唐代衛包改字前後的古寫本以及源於唐寫本的日本古寫本，其中的大部分材料收録於顧頡剛、顧廷龍叔侄輯録的《尚書文字合編》一書中。[①] 由於古寫本《尚書》未經後代的校刻傳抄，保存着抄寫時的原貌，具有保真性强、可信度高的特點，研究價值彌足珍貴，是研究古書用字和版本流傳、文本校勘不可多得的材料。本書將這類寫本《尚書》與今本《尚書》文字作系統比較。另外，在研究過程中，我們還參照了當今所見各種有影響的《尚書》善本和《十三經注疏》整理本，如北京大學圖書館藏宋刻本《尚書》、國家圖書館藏宋兩浙東路茶鹽司刻本《尚書正

① 顧頡剛、顧廷龍輯《尚書文字合編》，上海古籍出版社，1996。

義》和北京大學出版社標點本《十三經注疏》等等。[①] 借助列表的形式對各種文本的《尚書》文字進行逐字比較，凡字形和用字不同者皆視爲異文納入我們的研究範圍。

具體來講，本書計劃完成下述幾項目標：

1. 編製《古寫本〈尚書〉與今傳本〈尚書〉文字對照表》

將各種古寫本《尚書》按時間順序排列在一起，並與今本《尚書》逐字逐句比勘，依今本《尚書》的文本順序，整理出一份能夠直觀反映《尚書》字形和用字等各類差異的異文對照表，爲文字學、文獻學研究提供一份直觀的可供參考的材料。由於篇幅所限，本書書後附録了“寫本《尚書》隸古定古文字形表”和“寫本《尚書》隸楷異體字字形表”兩種表格（字頭以《説文》大徐本部首爲序），異文對照表暫時未能附於書後，等將來條件成熟再考慮整理出版。

2. 寫本隸古定古文的收集整理及其與出土古文字的合證

全面收集整理古寫本《尚書》中的隸古定古文字形，總結形變特點及形變規律，爲正確認識寫本隸古定古文的價值提供有益的參考。在此基礎上，通過寫本《尚書》隸古定古文與各類傳抄古文的比較，爲進一步認識各類《尚書》文本在中古時期的流變過程提供新的視角，爲認識寫本隸古定與其他同類傳抄古文的關係提供更爲直觀的字形參照。

3. 描述隸楷異寫字字形、部件的變異過程，總結形變規律

寫本《尚書》多異體是一普遍現象，一組異文往往彙集一字的多種不同寫法，對於其中的隸楷異體字而言，如果將一字的不同寫法按照其字形發展的邏輯順序排列在一起，往往可以再現其形體演變的過程。我們將全面徹底地清理這部分異文，把同一字形或同一部件的不同寫法按形體發展的邏輯順序排列，構建起反映魏晉至隋唐時期漢字字形演變的

① （漢）孔安國傳《尚書》，《中華再造善本》據北京大學圖書館藏宋刻本影印，北京圖書館出版社，2006。（唐）孔穎達等：《尚書正義》，《中華再造善本》據國家圖書館藏宋兩浙東路茶鹽司刻本影印，北京圖書館出版社，2006。李學勤主編，十三經注疏整理委員會整理《十三經注疏·尚書正義》，北京大學出版社，2000。

序列，在此基礎上描述形體演變的過程，總結形變規律。

4. 古寫本《尚書》與今本《尚書》用字比較

古寫本《尚書》與今本《尚書》在内容及語詞上的差異並不大，其差别主要表現在用字上，本書將對古寫本與今本《尚書》的用字作全面比較，結合各類傳世文獻中的《尚書》引文，對各類文本差異作綜合考察分析，揭示産生差異的原因及其深層意藴，並在此基礎上進一步討論在《尚書》流傳過程中由於歷代文字改易對今本《尚書》造成的影響。

5. 古寫本《尚書》異文與今本《尚書》的整理和校勘

治《尚書》者常據文獻材料及古籍引書，以證明某篇某字原應爲某字，進而推斷《尚書》原本之面貌。今以古寫本《尚書》異文審視前人的論斷，大致可分爲以下兩種情况：其一，由異文印證前人成説；其二，由異文糾正前人論斷之誤。本書將在對寫本與今本《尚書》進行逐字比較的基礎之上，以寫本《尚書》異文爲基礎，就《尚書》文本的解讀提出個人的理解，並以寫本《尚書》異文與古注互證，充分發揮其文獻學價值。

當然，以上所述衹是本書的初步設想，由於條件和個人能力所限，這些想法暫時不一定能够全部達成。比如我們雖然編製了完整的《尚書》異文對照表，但由於種種條件限制，這些表格尚不能全部出版印行爲學界所用；再比如，由於個人能力所限，對於隸古定古文中少數構形特殊的異文，我們還不能給出合理的解釋。

第二節　研究歷史及現狀

一　異文研究綜述

近年來學術界不僅在異文的理論研究上取得了重要的進展，而且研究範圍不斷擴大，在很大程度上豐富了異文的研究内容。

1. 傳世文獻異文研究

向熹《〈詩經〉裏的異文》將異文分爲形異、通假、通用、義異、句異五類分別討論，並分析了異文產生的原因及異文研究的意義。[①]林燾、陸志韋《〈經典釋文〉異文之分析》將《經典釋文》中的7000多條異文分爲七類展開討論，文章還分析了異文研究的價值及確定異文的標準，另外作者對異文的分析還可爲考訂古代各家經注提供新的旁證。[②]臺灣學者黄沛榮《古籍異文析論》從異文的定義、資料來源、産生原因、異文的類别及價值等方面深入分析有關異文的各類問題，該文材料翔實，論證嚴謹，確立了異文研究的基本框架。[③]王彦坤《古籍異文研究》則是較早關注異文現象的專著，該書對古籍所見的"異文現象"從其出現的場合、規模、産生的原因等多個角度作了全面的分析歸納，指出異文中字與詞對應的諸種關係及異文應用的學術價值，分析了異文材料在應用上的一些不良表現並進而提出應用異文材料的"二要素"和"三原則"。[④]朱承平《異文類語料的鑒别與應用》模仿俞樾《古書疑義舉例》的體例，以語料爲綱討論異文的價值，分析異文的類型，結合大量、豐富的例證深入探討各類異文産生的原因，指出異文對於古籍整理及漢語史的意義，以及異文研究應採納的方法和需要注意的問題。[⑤]

2. 出土文獻異文研究

近幾十年來，隨着簡帛文獻的不斷出土，有關簡帛異文的研究成果不斷涌現，其中沈文倬《〈禮〉漢簡異文釋》爲開其風氣之先者，該書通過對漢簡文本與今本《儀禮》的對比勘正，不僅討論《儀禮》經文文意，而且對版本流傳諸問題皆有闡發。[⑥]吴辛丑《簡帛典籍異文研究》取簡帛文獻所見典籍與傳世古籍相對照，依據"異中求同、同中見異"的原則，從文字、詞彙訓詁、語法現象、文獻校勘等多個角度研究古籍異文，是近年

① 向熹:《〈詩經〉裏的異文》,《〈詩經〉語文論集》，四川民族出版社，2002。

② 林燾、陸志韋:《〈經典釋文〉異文之分析》,《林燾語言學論文集》，商務印書館，2001。

③ 黄沛榮:《古籍異文析論》,《漢學研究》第9卷第2期，1991。

④ 王彦坤:《古籍異文研究》，廣東高等教育出版社，1993。

⑤ 朱承平:《異文類語料的鑒别與應用》，岳麓書社，2005。

⑥ 沈文倬:《〈禮〉漢簡異文釋》，浙江大學出版社，2014。原載《文史》第33、34輯，中華書局，1990、1992。

來簡帛典籍異文研究領域所取得的重要成果。[1]李若暉《郭店簡〈老子〉論考》全面分析郭店簡與傳世本異文，將郭店楚簡《老子》異文分爲形異字同、字異義同、義異思同、句異異文、思異異文等多種類型，在此基礎上進行分層次的討論，書後所附楚簡《老子》異文對照表，將所有出土簡帛文獻《老子》和有代表性的傳世本《老子》逐字比較，可以非常直觀地體現出《老子》文本流傳演變的過程。[2]另外，申紅義曾撰寫系列論文對簡帛文獻異文進行專題討論，將出土文獻與古注異文相互對照印證是其研究的重要特色。[3]韓軍《上博藏戰國楚竹書〈易經〉異文的類型和語言學價值》將竹書本《易經》的異文分爲異構字、古今傳承字、通假字、通用字、異詞、形訛等六種類型，並從文字學、訓詁學和音韻學三個方面指出了這批異文語料所具有的重要語言學價值。[4]汝鳴《銀雀山漢簡異文研究》从校勘學、詞彙學、文字學等角度分析銀雀山漢簡中的異文。[5]

黄征是較早關注敦煌寫卷異文現象的學者，其長文《敦煌寫本異文綜析》對敦煌寫本中的異文從形音義三個方面作了詳細的分析討論。[6]李索《敦煌寫卷〈春秋經傳集解〉異文研究》以文獻學爲基礎，以語言學爲中心，在文獻考證的基礎上，對寫本與傳世本之異文從語言學角度作了全面考察。[7]景盛軒《〈大般涅槃經〉異文研究》分别研究不同版本的《大般涅槃經》異文：一是敦煌寫本中的異文，主要是文字學意義上的異文，主要着眼於類型、成因及意義的研究；二是傳世刻本中的異文，這類異文主要是校勘學意義上的異文，通過調查和比勘南北兩本《大般涅

① 吴辛丑:《簡帛典籍異文研究》，中山大學出版社，2002。

② 李若暉:《郭店楚簡〈老子〉論考》，齊魯書社，2004。

③ 申紅義:《出土楚簡與傳世典籍異文研究》，四川大學 2006 年博士學位論文。申紅義:《簡帛典籍異文與鄭注古今文》，《求索》2005 年第 10 期。申紅義、梁華榮:《〈經典釋文〉異文新證——以簡帛文獻爲依據》，《福建論壇》2008 年第 12 期。申紅義:《從簡帛文獻看〈經典釋文〉異文成因及來源》，《青海師範大學學報》2015 年第 3 期。

④ 韓軍:《上博藏戰國楚竹書〈易經〉異文的類型和語言學價值》，《寧夏大學學報》(人文社會科學版)2007 年第 5 期。

⑤ 汝鳴:《銀雀山漢簡異文研究》，華東師範大學 2016 年碩士學位論文。

⑥ 黄征:《敦煌寫本異文綜析》，《敦煌寫本文字學研究》，甘肅教育出版社，2002。

⑦ 李索:《敦煌寫卷〈春秋經傳集解〉異文研究》，中國社會科學出版社，2007。

槃經》之間的異文，考察南北兩本《大般涅槃經》在語言上的差異。[①]張涌泉《敦煌寫本文獻學》有專門章節討論寫本異文，該書從異本異文、異書異文、同本異文三個方面考察敦煌寫本所見異文的主要特徵，並在此基礎上探討敦煌寫卷異文產生的原因。[②]另外，由張涌泉主編的《敦煌經部文獻合集》雖然是一部集成性文獻，但作者每遇典籍異文則予以特別關注，溝通各類寫本文字之間的關係，具有異文研究的性質。[③]

通過以上的綜述不難看出，學術界對異文的研究已經遠遠超出異文的收集整理和異文校勘學研究的範疇。就研究材料來看，由傳統的典籍異文擴充到出土文獻異文以及典籍異文與出土文獻異文的合證；就研究範圍來看，已經由校勘學擴大到文字學、語言學的範疇。

二　寫本《尚書》研究綜述

學界對寫本《尚書》的研究肇始於敦煌藏經洞的發現，迄今已走過百餘年的歷程，許建平曾撰文對二十世紀敦煌《尚書》寫卷的搜集整理及研究情况作了深入全面的總結，指出“經過幾代學者的努力，敦煌《尚書》寫卷的收集、整理、考辨等各方面都取得了較大的成績，有些已經形成共識”，作者同時指出敦煌《尚書》寫卷尚有許多需要深入解決的問題，主要包括:《尚書》寫卷的輯校、古字本與今字本的界定、隸古定字的來源以及梅賾所上《隸古定尚書》原貌的探究等問題。[④]正如上文所指出的那樣，目前學術界對寫卷的研究主要聚焦於收集、定名、綴合、時代考證等問題，各家研究雖不乏考辨性質的内容，但大多過於簡略，至於使用寫卷進行深入研究則更爲欠缺。

隨着出土古文字材料的不斷涌現和戰國文字研究的不斷深入，自二十世紀末以來，寫本《尚書》之隸古定古文開始受到學術界的關注，

① 景盛軒:《〈大般涅槃經〉異文研究》，巴蜀書社，2009。

② 張涌泉:《敦煌寫本文獻學》，甘肅教育出版社，2013。

③ 張涌泉:《敦煌經部文獻合集》，中華書局，2008。

④ 許建平:《敦煌〈尚書〉寫卷研究的過去與未來》，浙江大學出版社，2016。

曾師憲通先生爲開風氣之先者，其《敦煌本古文〈尚書〉"三郊三逋"辨正》以寫本《尚書》異文爲出發點，指出今本"逋"字借"述"爲之，由於逋、述兩字形相因、義相屬、聲相諧，故典籍常常互相通用，出土先秦文獻中往往以"述"代"遂"，而以傳抄古文尤爲突出。今本《尚書》"三郊三遂"，古文《尚書》作"三郊三逋"，先生此文不僅第一次明確指出傳抄古文"逋"實乃"述"字，而且分析傳抄古文"述"訛別多變的過程與原因。文章雖然是對古文的個案研究，但其中總結古文字形與用字特點，分析字形混淆的原因，對研究傳抄古文的演變過程及文獻校讀均具有指導性意義。①

進入二十一世紀以來，敦煌寫卷研究的專門論著陸續出現，舉其重要者如，許建平《BD14681〈尚書〉殘卷考辨》依據寫本的避諱情況推定其抄寫時代應當是在高宗朝之後，而且是一個幾經抄寫的本子，作者認爲寫卷勝於今本之處甚多。另外，論文還通過寫卷與唐石經以及阮本孔傳的比較，討論了敦煌寫卷的研究價值：一可證清人之説；二可糾清人之誤；三可據以瞭解《尚書》古文原貌；四可糾正阮刻僞孔傳傳文之誤。②喻遂生《敦煌〈尚書〉殘卷中的副詞"亡"》指出傳世典籍中"亡"作副詞比較少見，特別在先秦典籍中，用"亡"否定動詞形容詞的用例可以説十分罕見，故"亡"是否有副詞的用法學界歷來存在很大争議，但敦煌《尚書》殘卷"亡"的副詞用例却有41例之多，由於敦煌《尚書》殘卷中的副詞"亡"數量較多，材料集中，又有傳世本可參照，作爲副詞不會有争議。③喻先生的論述可以看作是利用敦煌寫卷成功解決漢語史疑難争議問題的範例。錢宗武、陳楠《論敦煌寫本〈尚書〉的異文類型及其特點》以今傳本《尚書》與敦煌寫本《尚書》逐字對照，窮盡性地搜集所有異文，比較異同，歸納出寫本與今本存在差異的八種異文

---

① 曾憲通:《敦煌古文〈尚書〉"三郊三逋"辨正》,《古文字與出土文獻叢考》，中山大學出版社，2005。又見《于省吾教授百年誕辰紀念文集》，吉林大學出版社，1996。

② 許建平:《BD14681〈尚書〉殘卷考辨》,《敦煌文獻叢考》，中華書局，2005。又見項楚、鄭阿財《新世紀敦煌學論集》，巴蜀書社，2003。

③ 喻遂生:《敦煌〈尚書〉殘卷中的副詞"亡"》,《古漢語研究》2008年第4期。

類型。在此基礎上指出，敦煌寫本《尚書》異文的特點主要表現在以下幾個方面：敦煌寫本《尚書》的通假現象較今本《尚書》更爲常見，且通假字多用簡筆；敦煌寫本《尚書》中大量使用俗字，俗字亦多用簡筆；敦煌寫本《尚書》肯定經過人爲的加工，保留了抄寫時期的語法習慣。文章不僅歸納了敦煌本《尚書》異文的類型，而且總結了異文在字形、用字和語法等方面的特點。[①]

劉起釪《〈尚書〉的隸古定本、古寫本》詳細介紹了《尚書》的隸古定古寫本的相關情況，文章對隸古定古文的源流、國内及日本各類《尚書》寫本的保存狀況，以及各類《尚書》寫本的具體内容作了詳細介紹。[②] 其專著《〈尚書〉源流及傳本考》又增列相關表格，對國内外《尚書》隸古定寫本的收藏、著録、内容起訖等相關情況作了詳細的介紹。[③] 劉起釪《日本的〈尚書〉學與其文獻》列專門章節詳細介紹收藏於日本的各類《尚書》寫本，爲研究寫本《尚書》提供了重要的綫索。[④] 令人遺憾的是，爲劉書所著録的各類寫本有相當一部分還没有公布，至少在國内無法見到，僅有其中一小部分因羅振玉、楊守敬等人由日本購得，後來輯入顧頡剛、顧廷龍《尚書文字合編》一書。

隨着《尚書文字合編》的出版，近年來日本所藏寫本《尚書》開始受到學術界的重視和關注。許建平《由敦煌本與岩崎本互校看日本舊鈔〈尚書〉寫本之價值》通過將岩崎本與今本及敦煌本《尚書》對校指出，岩崎本《尚書》的價值主要體現在以下幾個方面：岩崎本可佐證敦煌本之文字爲隸古定《尚書》原貌；敦煌本已改爲今字，而岩崎本存隸古定《尚書》原貌；岩崎本可佐證敦煌本進而糾正傳世刻本之訛誤；可據岩崎本以證敦煌本之誤；可憑借岩崎本以考證《尚書》傳本之異文。作者進一步指出，可據岩崎本探討隋唐五代時期《尚書》寫本舊貌，日本舊鈔本的價值

① 錢宗武、陳楠:《論敦煌寫本〈尚書〉的異文類型及其特點》,《古籍整理研究學刊》2006年第3期。

② 劉起釪:《〈尚書〉的隸古定本、古寫本》,《史學史研究》1980年第3期。

③ 劉起釪:《〈尚書〉源流及傳本考》，遼寧大學出版社，1997。

④ 劉起釪:《日本的〈尚書〉學與其文獻》，商務印書館，1997。

是無與倫比的。[①] 又許建平《日本舊鈔岩崎本〈尚書〉寫卷校證》《日本舊鈔九條本〈尚書〉寫卷校證》，以古寫本與今本對校，證以各類字書及古注，並以敦煌寫本爲參照，描述各類異文産生的過程，分析其産生的原因。[②] 章寧《從内野本隸古定字形看〈尚書〉版本流變》一文從内野本隸古定《尚書》中篩選出有研究價值的 88 個隸古定字形，在此基礎上進行分類研究，88 個隸古定字形僅見於今文者 15 例，僅見於古文者 23 例，今古文共有者 50 例。作者將這些字形列表並與出土古文字及《説文解字》古文等字形逐一對照，認爲隸古定保留了大量以戰國文字爲最初來源的字形，而古文的隸古定字形則具有明顯的傳抄古文與秦系文字的痕跡，這説明在傳抄過程中，今文部分、古文部分的字形應分屬兩個不同的版本系統，在此基礎上，作者進而對《尚書》寫本的流傳提出了自己的觀點。[③]

臧克和《尚書文字校詁》利用各種不同形式的本子比較、分析、考訂《尚書》文字隸古的結構、字形的源流、本來的意義。其中二十八篇文字校詁部分爲其重要内容，該書從文字、聲韻、詞彙、句法等方面對寫本文字進行較爲系統的研究，該書提出考釋《尚書》用字的幾種方法，即就字形結構流變考釋《尚書》用字；就聲韻聯繫考釋《尚書》用字；就語法結構考釋《尚書》用字；就詞彙訓詁考釋《尚書》用字；就文史知識考釋《尚書》用字等等。[④] 林志强《古本〈尚書〉文字研究》從文字學角度對古本《尚書》進行專題研究，這是國内外對寫本《尚書》文字的首次專題研究，作者指出古本《尚書》中存在一批特殊字形，也産生了一些新寫法，有些還是獨此一家的特色形體。[⑤] 許舒絜《傳抄古文〈尚

---

① 許建平:《由敦煌本與岩崎本互校看日本舊鈔〈尚書〉寫本之價值》，浙江大學出版社，2016。又見於饒宗頤主編《敦煌吐魯番研究》（第十四卷），上海古籍出版社，2014。

② 許建平:《日本舊鈔岩崎本〈尚書〉寫卷校證》，浙江大學出版社，2016。原載劉玉才、水上雅晴主編《經典與校勘論叢》，北京大學出版社，2015。許建平:《日本舊鈔九條本〈尚書〉寫卷校證》，浙江大學出版社，2016。原載傅永聚、錢宗武主編《第三届國際〈尚書〉學學術研討會論文集》，綫裝書局，2015。

③ 章寧:《從内野本隸古定字形看《尚書》版本流變》，《勵耘學刊》（文學卷）2014 年第 1 期，學苑出版社，2014。

④ 臧克和:《尚書文字校詁》，上海古籍出版社，1999。

⑤ 林志强:《古本〈尚書〉文字研究》，中山大學出版社，2009。

書〉之文字研究》將各種傳抄古文加以類聚，以古本《尚書》時代的先後爲序，將諸本傳抄古文《尚書》文字、諸類字體，與今傳世本之《尚書》依序進行文字比對辨析，比勘其中形構相異、用字不同者，逐字列舉其辭例及各本文字字形，考察該字在各類傳抄古文《尚書》文字所見構形異同。書中所收字形資料豐富翔實，可據以觀察隸古定古文與甲骨金文、戰國文字和唐宋《尚書》文字的形體演變關係，尤其是魏晉以來《尚書》文字的變化。[①] 另屈萬里《〈尚書〉異文彙録》、朱廷獻《〈尚書〉異文集證》亦涉及寫本《尚書》的文字問題。[②]

第三節　研究材料及方法

一　研究材料

本書研究所涉文獻以各類寫本《尚書》和傳世本《尚書》的比較爲主，必要時也會涉及歷代石經、《尚書》古注以及文獻典籍所引用的《尚書》異文。

本書研究所説的傳世古寫本主要指魏晉以降至唐代衛包改字前後的隸古定本以及源於唐寫本的日本古寫本，這類材料皆收入顧頡剛、顧廷龍叔侄輯録的《尚書文字合編》中（以下簡稱《合編》）。[③]《合編》引用各類寫本共 19 種，其中敦煌寫卷 4 種，新疆出土寫卷 3 種，日本寫本凡 12 種。依《合編・引用資料》表，整理細目如下。

敦煌本[④]

敦煌所出唐寫本（殘）

① 許舒絜:《傳抄古文〈尚書〉之文字研究》，花木蘭出版社，2014。

② 屈萬里:《〈尚書〉異文彙録》，聯經出版事業公司，1983。朱廷獻:《〈尚書〉異文集證》，臺北中華書局，1970。

③ 顧頡剛、顧廷龍輯《尚書文字合編》，上海古籍出版社，1996。

④ 為方便對照，本書一律依《尚書文字合編》注明敦煌本《尚書》異文的出處，不再標明寫卷編號。

法國國家圖書館藏本照片

英國大英博物館藏本照片

羅振玉《鳴沙石室遺書》

羅振玉《吉石庵叢書》

吐魯番本

新疆吐魯番所出唐寫本（殘）

德國柏林普魯士博物館藏本照片

和闐本

新疆和闐所出唐寫本（殘）

據日本大谷光瑞《西域考古圖譜》日本大正四年（1915）國華社影印本

高昌本

新疆吐魯番高昌地區所出唐寫本（殘）

據黄文弼《吐魯番考古記》1954 年，中國科學院

日本寫本（凡 12 種）

岩崎本　岩崎男舊藏（殘），日本大正七年（1918）影印本

九條本　九條道秀公舊藏（殘），日本昭和十七年（1942）京都帝國大學文學部影印舊鈔本

神田本　神田醇容安軒舊藏（殘），日本大正八年（1919）《容安軒舊藏》影印本

島田本　島田翰舊藏（殘），1914 羅振玉《雲窗叢刻》影印本

内野本　内野皎亭舊藏（全），影寫日本元亨二年（1322）沙門素慶刻本，日本昭和十四年（1939）東方文化研究所影印本

上元本　上海圖書館藏日本元亨三年（1323）藤原長賴手寫本（殘）

觀智院本　日本元亨三年藤原長賴手寫本（殘），東寺觀智院藏，日本複印本

古梓堂本　日本元亨三年藤原長賴手寫本（殘），古梓堂文庫舊藏，日本複印本

天理本　日本鎌倉末期寫本（殘），天理圖書館藏，日本複印本

足利本　日本室町時期寫本（全），足利學校遺蹟圖書館藏，日本複印本

上影本　上海圖書館藏，影天正本，日本寫本（全），日本影寫天正六年秀圓題記本

上八本　上海圖書館藏，八行本，日本寫本（全）。

關於各種寫本的序列及其源流關係，博士同門林志强師兄曾有專門論述[①]，感興趣者可參看。

另外，書中涉及石經《尚書》的内容，我們將隨文注釋，此不一一列舉。本書所説的今本《尚書》則是指阮元校刻《十三經注疏》[②]本《尚書》文字，必要時則參校《四部叢刊》影印宋刻本《尚書正義》[③]。

二　研究思路和方法

1. 文獻比勘

就本書而言，文字的比勘至關重要，爲了準確無誤地把各寫本用字的實際情况反映出來，我們將各種古寫本《尚書》和今本《尚書》按時間順序排列在一起，逐句逐字比勘，製成《古寫本〈尚書〉與今傳本〈尚書〉文字對照表》，作爲全面比較的基礎。

2. 歷時和共時的比較

從所收集到的材料中提取一字的不同異體，並參考出土古文字、傳

① 林志强:《古本〈尚書〉文字研究》，中山大學出版社，2009，第 8 頁。

② （清）阮元校刻《十三經注疏》，中華書局，1980。

③ （唐）孔穎達等:《尚書正義》，《四部叢刊》（三編），上海書店出版社，1935。

抄古文、隸古定古文、中古俗字等各類字形資料，對收集到的字形進行排比分析，整理出形體嬗變的序列，進而考察隸楷異體及隸古定古文的源流及形體變異的情況。在探討形變規律、總結形體特點的基礎上，觀察各種形體在傳抄過程中所經歷的變化，探討相關異文形成的原因。

3. 文獻互證

文獻用字的考察必然涉及古籍的整理和校勘，因此，本書還把文字研究和文獻整理結合起來，利用文字比較的研究結論，吸收歷代有關《尚書》的研究成果，就《尚書》文本的解讀以及前人的相關討論提出自己的看法。

第四節　異文的定義與類型

典籍異文所牽涉的問題極其複雜，甚至連“異文”的類別範圍等問題學界也存在不同的看法，原因在於各家對“異文”之“異”的理解不同，研究異文的初衷和目的也不盡相同，或者認爲異文是文字學術語，或者指出異文乃是文獻學、校勘學術語。下面我們將各家對異文的定義引述如次，在此基礎上談談我們《尚書》異文的一點認識。

一　異文的定義

異文的定義有廣義和狹義的區別，狹義的異文主要指不同版本之間或引文與原文之間字詞層面的差異。如陸宗達、王寧認爲狹義的異文指“同一文獻的不同版本中用字的差異，或原文與引文用字的差異”。[①] 陸錫興指出：“《詩經》異文既包括同詞用字的不同，也包括同句中用詞的不同，以及其他不同的文字形式。也就是說，它既包括文字方面的異體字和假借字，也包括其他的不同文字形式，以及從校勘角度出發的同義詞、異義

① 陸宗達、王寧：《訓詁方法論》，中國社會科學出版社，1983，第109頁。

詞。”[①] 持類似觀點的還有羅積勇、蘇傑等學者。[②]

廣義的異文則不僅僅局限於字詞層面的差異，也包括句子層面的差異。王彦坤認爲：“凡記載同一事物的各種文字資料，字句互異，都叫異文。”[③] 吴辛丑認爲，凡不同版本、不同典籍中所記内容相同或相關，而字、詞、句使用方面存有差異的情形均視爲異文。[④]

黄沛榮則對異文作了狹義和廣義區分：狹義的異文是指古書在不同版本、注本或其他典籍中被引述時，同一文句中對應部位所使用的不同文字；廣義的異文則指古書在不同版本、注本或在其他典籍中被引述時，同一段落或文句中所存在的字句之異，另外並包括相關著作中對於相同的人、事、物作叙述時所産生的異辭。[⑤] 由此，黄先生將句子中相對應的位置所使用的文字稱爲狹義的異文，而同一段落或文句中的異辭則稱爲廣義的異文。持類似觀點者又有邊星燦、倪其心、黄征等。[⑥]

《尚書》用字在其流傳過程中曾多次被人爲規範，加之作爲儒家重要典籍的特殊地位，《尚書》寫本之異文相對於同時期其他文獻要少得多，故本書重點討論的是《尚書》不同寫本裏同一文句對應部位所使用的不同文字或不同用詞，即狹義的異文；在少數情況下亦包括部分廣義的異文，主要是句子層面的異文。

二　寫本《尚書》異文的類型

因研究的目的不同，異文的分類方法也不同。我們將寫本《尚書》異文分爲三種主要類型：因字形不同形成的異文、因用字不同形成的異

① 陸錫興：《〈詩經〉異文研究》，中國社會科學出版社，2001，第241頁。

② 羅積勇：《異文與釋義》，《古籍整理研究學刊》1986年第2期。蘇傑：《〈三國志〉異文研究》，齊魯書社，2006，第14頁。

③ 王彦坤：《略論古書異文的應用》，《暨南學報》1987年第1期。

④ 吴辛丑：《簡帛典籍異文研究》，中山大學出版社，2002。

⑤ 黄沛榮：《古籍異文析論》，《漢學研究》第9卷第2期。

⑥ 邊星燦：《論異文在訓詁中的作用》，《浙江大學學報》1998年第3期。倪其心：《校勘學大綱》，北京大學出版社，2004，第147頁。黄征：《敦煌語言文字學研究》，甘肅教育出版社，2002，第37頁。楊琳：《論異文求義法》，《語言研究》2006年第3期。

文、因用詞不同形成的異文，其中第一類異文占寫本異文的絶大多數。

（一）因字形不同而形成的異文

主要指傳抄過程中因改用異體或字形訛變而造成的異文。這類異文既包括因偏旁换用或省簡而形成的異構字或簡俗字，也包括因避諱改寫而形成的避諱字，而占其中絶大多數的則是因書手個人書寫習慣或時代不同而形成的異寫字。下面分别舉例説明：

1. 異構字

異構字指記録同一個詞音義相同但形體結構不同的字，寫本《尚書》中存在大量這類因形體結構不同而形成的異文。

叶—協①

《堯典》："百姓昭明，協和萬邦。""協"字内野本、足利本、上影本作"叶"，又《論衡·齊世篇》亦作"叶和萬邦"，《説文解字》："協，衆之同和也。从劦、从十。叶，或从口。"徐鉉注云："十，衆也。"

瘵、悆—豫

《金縢》："既克商二年，王有疾，弗豫。"《爾雅·釋詁》："豫，安也。""豫"字清華簡作"瘵"、内野本作"悆"，皆與"豫"爲一字之異體。《説文解字》："《周書》曰：'有疾不悆。'悆，喜也。"清華簡"瘵"則是"悆"的異體。

另外，寫本中還存在大量的隸古定字形與今本《尚書》形成異文。如：

旹—時、彣—彭

《堯典》："百姓昭明，協和萬邦，黎民於變時雍。""時"字内野本作"旹"，"變"字敦煌本隸古定作"彣"，内野本、足利本、上影本作"彣"，它們分别與"時""變"異構而形成異文。

2. 異寫字

異寫字是指文字在使用過程中由於書寫變異而産生的不同形體，這

① 若非特别説明，本書所舉例證，横綫前爲寫本或其他古本異文，横綫後爲今本文字。

種變異通常發生在筆畫或基礎部件的内部，並没有改變字符最初的造字意圖和記詞功能。異寫字的構形屬性全然相同，所不同的是各結構要素内部筆畫上的差異也就是書寫屬性的差異，《尚書》寫本中的這類因異寫而形成的異文往往能彙集一字的多種寫法，爲我們考察漢字的源流演變提供了豐富的資料。

如“虐”字在《尚書》寫本中有如下六類寫法：

（1）敦煌·五子之歌　　敦煌·胤征

（2）足利·盤庚　　内野·立政

（3）敦煌·君奭　　九條·蔡仲之命

（4）岩崎·盤庚　　敦煌·立政

（5）九條·召誥　　敦煌·無逸

（6）島田·洪範　　敦煌·蔡仲之命

上述“虐”字所從部件“虍”有多種變體，有相當一部分是大型字書失收的字形，爲我們研究漢字源流提供了豐富的字形資料。

再如“拜”字有如下數種不同的寫法，可以再現“拜”字由異寫而致異構的過程。

（1）内野·洛誥　　上影·洛誥

（2）足利·大禹謨　　上八·太甲

（3）上八·舜典　　上八·大禹謨

（4）上影·舜典　　足利·大禹謨

再如，寫本“述”字異寫字體豐富，大體可以分爲以下四類：

（1）敦煌·微子　　岩崎·微子

（2）　内野・湯誓　　　　内野・微子

（3）　敦煌・微子

（4）　上八・湯誓　　　　内野・湯誓

借助豐富的字形我們可以完整地再現各類異寫字形不斷演變的過程：

第 1 條演變軌跡爲：

雲臺碑　　三體石經　　汗簡　　内野・微子

第 2 條演變軌跡爲：

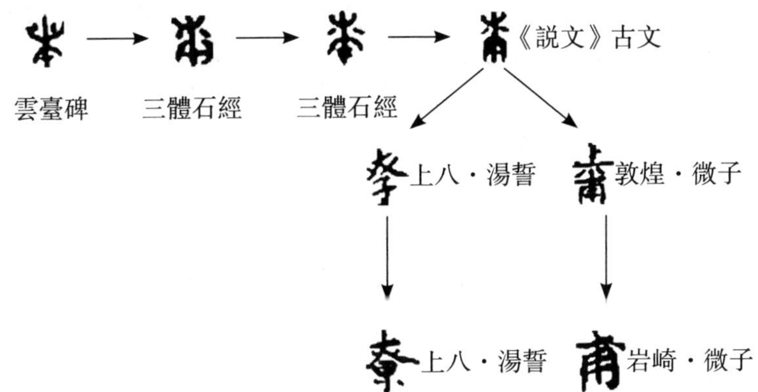

第 3 條演變軌跡爲：

魚鼎匕　　古爾 0333　　信陽簡　　望山簡　　敦煌・微子

通過對“述”字形體演變過程的整理我們不難看出，這些因書寫而形成的異寫字，皆是在某種特定條件下“曇花一現”的異代同形字。①

3. 訛誤字

《尚書》寫本中文字錯訛現象比較常見，由於這些文字錯訛積非成

① 曾憲通：《敦煌本〈尚書〉“三郊三逋”辨正——兼論遂、述二字的關係》，《古文字與出土文獻叢考》，中山大學出版社，2005，第 76 頁。林志强：《古本〈尚書〉文字研究》，中山大學出版社，2009，第 43 頁。

是，最後作爲一字之異體保存在各類字書中。字形相近而訛是這類異文産生的重要原因。

㳟—恭

《堯典》:“允恭克讓，光于四表，格于上下。”“恭”爲恭敬之意，字本從心共聲，上影本、上八本“恭”字訛從“氺”作“㳟”。《甘誓》:“左不攻于左，汝不恭命；右不攻于右，汝不恭命；御非其馬之正，汝不恭命。”上影本、上八本“恭”字訛從“氺”作“㳟”。

康—康

《盤庚》:“惟喜康共。”“康”字上影本作“康”。《洛誥》:“我惟無斁其康事。”“康”字足利本、上影本作“康”。《多士》:“非我一人奉德不康寧。”“康”字上影本作“康”。《顧命》:“命召公畢公率諸侯相康王。”“康”字足利本、上影本作“康”。關於“康”作“康”的原因，後面的章節有詳細討論，此不贅述。

宵—宵

《堯典》:“宵中、星虛，以殷仲秋。”“宵”本從宀、肖聲，後來聲旁被離析爲兩個部分，上邊三點與宀黏合而訛變爲類似“雨”的部件作“宵”，上部所從的部件進一步訛變而類化爲“雨”作“霄”。又因部件“雨”與“覀”的變體常常相混，故“宵”字又或訛從“垔”作“覀/月”。

4. 簡體字

在漢字發展的每個歷史階段都有大量的簡體字産生，由於這些簡體字具有簡便易寫、方便使用的特點，相當一部分簡體字表現出頑强的生命力。它們不僅深受廣大群衆的歡迎，而且有些學者也會有意識地使用。就使用場合來看，簡體字不僅可以用來書寫藥方、賬簿等應用性很强的俗文獻，甚至在歷代的碑刻拓本和古代典籍中也存在大量的簡體字。寫本《尚書》中同樣有大量的簡體字存在。如：

启—啓

《堯典》:“胤子朱啓明。”“啓”字敦煌本、内野本、足利本、上影本皆作“启”。《説命》:“若歲大旱，用汝作霖雨。啓乃心，沃朕心，若藥弗瞑眩，厥疾弗瘳。”敦煌伯 2516、敦煌伯 2643、岩崎本、内野本、上元本均作“启”。

声—聲

《舜典》：“詩言志，歌永言，聲依永，律和聲。”“聲”字上影本、上八本皆作“声”。《仲虺之誥》：“惟王不邇聲色，不殖貨利。”“聲”足利本、上影本、上八本均作“声”。

万—萬

《五子之歌》：“明明我主，萬邦之君。”“萬”字敦煌本、九條本、内野本、足利本、上影本、上八本皆作“万”。《五子之歌》：“萬姓仇予，予將疇依。”敦煌本、九條本、内野本、足利本、上影本、上八本作“万”。又《湯誥》：“王歸自克夏，至於亳，誕告萬方。”“萬”字内野本、足利本、上影本、上八本皆作“万”。

旡—既

《堯典》：“九族既睦，平章百姓。”敦煌本、内野本、足利本、上影本皆作“旡”，敦煌寫本《經典釋文》亦云：“旡，古既字。”《説文解字》：“旡，㱃食气屰不得息曰旡。”故知旡與既字之間不存在音義之間的聯繫，因知旡爲既字的省訛形體。

5. 避諱字

改避帝王名諱是古書中常見的現象，張涌泉指出，敦煌寫卷中隋唐之前抄寫的文獻表現出不避諱的特點，而唐代前期敦煌寫本的避諱現象比較普遍，避諱的方法則以缺筆、改形、换字爲主。[①] 寫本《尚書》的避諱字均出現在敦煌寫本中，均爲避太宗李世民之諱而改字。

民—人

《堯典》：“乃命羲和，欽若昊天，曆象日月星辰，敬授人時。”“人”字内野本、足利本、上影本、上八本皆作“民”。阮校：“按唐以前引此句未有不作‘民’者。疏云：‘敬授下人以天時之早晚。’下人猶下民也。知孔疏所據之本猶作‘民’字，後人因疏作‘人’，並經傳改之，自開成石

① 張涌泉：《敦煌寫本文獻學》，甘肅教育出版社，2013，第 626 頁。

經以後，沿訛至今。”[①]上述各寫本所保存的異文，恰可與阮元之説相互印證。劉起釪指出：“在殷代甲骨文中可以看出，供王室祭祀用的紀時法，和供民間用的紀時法，是有區别的。”[②]故知《堯典》當以“民時”爲正，今本作“人時”，當以不解文意而誤改。另外，《盤庚》：“無或敢伏小人之攸箴。”“人”字内野本作“民”。

又今本“民”字寫本《尚書》亦有避唐太宗李世民之諱而省簡筆畫者，《堯典》：“下民其咨，有能俾乂？”“民”字敦煌伯3015作“[illegible]”。《大禹謨》：“黎民懷之。”“民”敦煌斯5745作“[illegible]”。《大禹謨》：“小人在位，民棄不保。”“民”敦煌斯801作“[illegible]”。

邦—國

《金縢》：“我國家禮亦宜之。”“國”字清華簡作“邦”，疑此處本作“邦”，孔安國因避劉邦之諱而改作“國”，後世諸本亦皆作“國”。

（二）因用字不同而形成的異文

1. 古今字

古今字是漢字在發展過程中産生的古今異字的現象，産生在前的稱爲古字，産生在後的稱爲今字。寫本《尚書》與今本《尚書》之異文有相當一部分爲古今文字異用而産生，即寫本用古字，今本用今字。

𠂇—有

《堯典》：“期三百有六旬有六日，以閏月定四時成歲。”“有”内野本皆作“𠂇”，敦煌本《經典釋文》：“𠂇，古有字。”《五子之歌》：“畋于有洛之表，十旬弗反。”“有”字九條本、足利本、上影本、上八本皆作“𠂇”。類似例證在寫本《尚書》中非常常見，不煩贅舉。《漢書·韓信傳》：“淮陰少年又侮信曰：‘雖長大，好帶刀劍，怯耳。’”王念孫《讀書雜誌》：“此‘又’字非承上之詞。‘又’，讀爲‘有’，言少年中有侮信者也。古字通以‘又’爲‘有’，《史記》正作‘少年有侮信者。’”

① （清）阮元校刻《十三經注疏》，中華書局，1980，第124頁。
② 劉起釪：《尚書校釋譯論》，中華書局，2005，第397頁。

中—仲

《堯典》:“以殷仲春……以殷仲夏……以殷仲冬。”“仲”字敦煌伯3315、内野本、足利本、上影本均作“中”,《史記》“仲”作“中”與此同。又《胤征》:“惟仲康肇位四海。”九條本、内野本、足利本、上影本、上八本亦作“中”。“仲”字古本作“中”在傳世文獻和出土文獻中都比較常見,《上博五·季康子問于孔子》:“丘聞之臧文中(仲)有言曰。”亦以“中”爲“仲”。《漢書·王莽傳》:“前長孫、中孫年俱三十而死。”顔師古注:“中,讀曰仲。”

哥—歌

《舜典》:“詩言志,歌永言,聲依詠,律和聲。”“歌”字敦煌本、内野本、足利本皆作“哥”。又《五子之歌》:“須於洛汭,作五子之歌。”“歌”字敦煌本、九條本、内野本則作“哥”。《説文》“哥”字段注:“《漢書》多用‘哥’爲‘歌’。”徐灝注箋:“哥、歌,古今字。”

2. 通假字

通假指音同或音近字的通用或假借,在古文字階段通假字曾經普遍存在,但隨着隸變的完成和漢字形聲化的發展,通假字逐漸消失而代之以本字,因此今本《尚書》中通假字較少使用,而古寫本《尚書》中還有一定數量的通假字存在。僅舉少數例證説明:

畯—俊

《堯典》:“克明俊德,以親九族。”《釋文》云:“‘畯’本又作‘儁’,皆古‘俊’字。”今本“俊”字内野本使用通假字“畯”。《立政》:“曰三有俊心。”敦煌斯2074、九條本、内野本、足利本、上影本、上八本作“畯”。

邕—雍

《堯典》:“百姓昭明,協和萬邦,黎民於變時雍。”孔傳:“雍,和也。”“雍”字内野本、足利本、上影本作“邕”,爲“雍”字通假。清徐灝《説文解字注箋·川部》:“邕、雝古字通雝,隸作雍。”《集韻·鍾韻》:“雍,和也。通作邕、雝。”又今本《禹貢》:“黑水、西河惟雍州。”九條本、内野本、足利本、上影本、上八本作“邕”。

揖—集

《多方》:“乃惟有夏，圖厥政，不集於享。”“集”字敦煌斯 2074、九條本皆作“揖”。《集韻・緝韻》:“揖，聚也，成也。”《字彙補・手部》:“揖，與集同。《秦始皇刻石》:‘專心揖志。’”《逸周書・克殷》:“武王乃手太白以麾諸侯，諸侯畢拜，遂揖之。”孔晁注:“揖，召也。揖諸侯共追討也。”《史記・秦始皇本紀》:“普天之下，摶心揖志，器械一量，同書文字。”

某些虛詞往往可以採用音同或音近的不同字形來記録，這些字形文獻常常通用，如:

逌—攸

《太甲》上:“欽厥止，率乃祖攸行。”“攸”字内野本、足利本、上影本、上八本作“逌”。《立政》:“文王罔攸兼于庶言。”敦煌斯 2074、敦煌伯 2630、九條本、内野本、足利本、上影本、上八本作“逌”。《漢書・地理志》:“漆、沮既同，酆水逌同。”顔師古注:“逌，古攸字也”。又《漢書・叙傳下》:“八音七始，五聲六律，度量權衡，曆算逌出。”顔師古注:“逌，古攸字也。”

乃—廼

《太甲》上:“玆乃不義，習與性成，予弗狎于弗順。”“乃”字内野本、足利本、上影本、上八本作“廼”。又《太甲》中:“王懋乃德，視乃厥祖，無時豫怠。”第二個“乃”字内野本、足利本、上影本、上八本作“廼”。《集韻》:“乃，一曰汝也。或作乃、廼。”

（三）因用詞不同而形成異文

在寫本《尚書》異文中，因用詞不同而形成的異文主要指寫本與今本之間的“同義换用”。所謂同義换用指詞與詞因意義相同或相近而换用，换用的兩個詞讀音可以不同，但意義必須相同或相近。

身—躬

《君奭》:“在昔，上帝割申勸寧王之德，其集大命于厥躬。”“躬”字上博《緇衣》、郭店《緇衣》引《尚書》文字以及敦煌本、内野本、上八本皆作“身”。《爾雅・釋詁》:“躬，身也。”郝懿行《義疏》:“躬從身，亦訓爲身。《周禮》‘身圭’‘躬圭’，其義同。故躬爲身，身亦爲躬，轉相訓也。”

弗—不

《牧誓》:“昏棄厥遺王父母，不迪。”“不”字敦煌斯799、内野本、足利本、上影本作“弗”。又《牧誓》:“不愆於四伐、五伐、六伐、七伐，乃止，齊焉。”“不”字敦煌斯799、神田本、内野本、足利本、上影本、上八本亦皆作“弗”。“弗”“不”同爲否定副詞，古書中存在很多可以换用的例子。《牧誓》:“不愆于六步七步。”劉逢禄《尚書今古文集解》:“《藝文類聚》引用‘弗僭’。”《多方》:“爾曷不忱裕之於爾多方。”孫星衍《尚書今古文注疏》:“不，一作弗。”

女—乃

《大禹謨》:“俾予從欲以治，四方風動，惟乃之休。”“乃”字内野本、足利本、上影本均作“女”，即“汝”字，皆爲第二人稱代詞。

其—厥

《臯陶謨》:“愼厥身修，思永。”“厥”字内野本、足利本、上影本皆作“其”，《史記》亦引作“愼其身修”。《臯陶謨》:“允迪厥德，謨明弼諧。”内野本、足利本、上影本作“其”。《大禹謨》:“人心惟危，道心惟微，惟精惟一，允執厥中。”内野本、足利本、上影本、上八本作“其”。《爾雅・釋言》:“厥，其也。”《書序》:“敷暢厥旨。”孔穎達疏:“厥，其也。”《尚書・堯典》:“厥民析。”孔安國傳:“厥，其也。”

往—徂

《酒誥》:“我西土棐徂邦君、御事、小子，尚克用文王教，不腆於酒。”“徂”字足利本、上影本、上八本作“往”。《爾雅・釋詁》:“徂，往也。”又《大禹謨》:“咨禹！惟時有苗弗率，汝徂征。”孔安國傳:“徂，往也。”《太甲上》:“王徂桐宫居憂。”蔡沈集傳:“徂，往也。”

上述第一類異文占了寫本《尚書》異文的絶大多數，因此這類因書寫而形成的異文也是我們重點研究的對象，我們將通過對隸古定字形的梳理，探討隸古定字形的形變過程，總結其構形特點，發掘其獨特的研究價值。通過對隸楷異體俗字的收集整理從全新的角度審視漢字在中古時期的形變特點。通過異文與古注的互證，發掘異文獨特的價值並客觀評價相關古注的是非得失。

第二章　異文與隸古定古文

在寫本《尚書》中，有相當一部分異文以隸古定古文的形式存在。這些古文數量衆多，形體多變，借助豐富的異寫字形，不僅可以認識寫本隸古定字形演變的過程，而且可以爲研究傳統字書隸古定字形提供有價值的佐證。由於寫本隸古定字形均有今本文字可以對照，並且均具有明確的上下文語境，因此寫本隸古定也是認識傳抄古文字際關係不可多得的材料。不僅如此，寫本隸古定字形也可以爲探討各寫本之間的傳承遞變關係提供旁證。

第一節　隸古定古文概説

一　隸古定的來源

對隸古定的最早記載可追溯到孔安國，其《尚書序》這樣記載隸古定的來源："魯共王好治宫室，壞孔子舊宅，於壁中得先人所藏古文虞夏商周之書……時人無能知者，以所聞伏生之書考論文義，定其可知者，爲隸古定，更以竹簡寫之。"[①] 可知"隸古定"一詞源於對孔壁所出古文《尚書》的整理。陸德明在《經典釋文》中認爲"隸古定"即"以隸書寫古文"[②]。陸德明首次明確指出"隸古定"就是用隸書筆法寫定古文。孔穎達在《尚書正義》中解釋説："言'隸古'者，正謂就古文形體而從隸定

① （清）阮元校刻《十三經注疏》，中華書局，1980，第 115 頁。
② （唐）陸德明：《經典釋文》，上海古籍出版社，1985，第 141 頁。

之。存古爲可慕，以隸爲可識，故曰‘隸古’。以雖隸而猶古，由此故謂孔君所傳爲古文也。”[①]隸古定即是按隸書或楷書筆法寫定的古文，隸古定古文在當時兼具了可識和存古的功能，然而客觀地講，即便是用隸書筆法書寫，在當時能識讀者亦是少數。

這種以隸古定文字書寫的《尚書》包括古文33篇和僞古文25篇，共計58篇，稱爲隸古定《尚書》。從東晉初年梅氏隸古定《尚書》出現，到唐玄宗天寶初年衛包用通用的楷書加以改寫以前，當時流傳通用的《尚書》便是這類隸古定寫本。

二 《尚書》隸古定寫本的特徵

孔穎達《尚書正義》指出："言隸古者，正謂就古文而從隸定之，存古爲可慕，以隸爲可識，故曰隸古，以雖隸而猶古。”因此，《尚書》隸古定本的產生同時具有存古與易識的雙重功能，亦因此，這一寫本成爲衛包改字之前最爲流行的《尚書》文本系統。關於孔本隸古定《尚書》的原貌我們已不及見，僅能據現有的文獻記載瞭解其大致面貌，陸德明在《經典釋文·序録》中說："《尚書》之字本爲‘隸古’，既是隸寫古文則不全爲古字，今宋齊舊本及徐（徐邈）、李（李軌）等音，所有古字蓋亦無幾。”[②]因此，六朝時的所謂隸古定《古文尚書》也並非把古文全部隸寫，而衹是保存了一小部分古文而已，加之歷代輾轉抄寫，隨時改易，因此我們所見到的敦煌寫本以及日本寫本《尚書》中隸古定字形已經不多，有許多字形已改爲當時通行的楷書字，亦有許多字形在一卷之中存在隸古定和楷體並用的現象，還有不少字形由楷書和隸古定部件雜糅而成。因此，我們今天看到的隸古定寫本其實是隸古定字形與楷體字形並存，一篇之中古今雜糅，甚至是一字之中而數體兼備，既有隸古定部件，又有楷俗體部件，而字形雜糅則是抄本隸古定區別於字書隸古定寫本最爲重要的特徵。

---

① （清）阮元校刻《十三經注疏》，中華書局，1980，第116頁。

② （唐）陸德明：《經典釋文》，上海古籍出版社，1985，第8頁。

第二節　隸古定字形的來源

對寫本《尚書》隸古定字形來源的考察，不僅是文字學研究的重要内容，而且對於認識隸古定寫本的性質及流變具有重要價值。本節以《尚書古文字編》爲基礎，通過對全部隸古定字形與各類文字資料的比較，探尋寫本隸古定的來源，並以此爲基礎討論中古時期各類寫本《尚書》的性質及其流變過程。[①]

一　隸古定古文的來源

1. 與《汗簡》系列字書所收古文字形相合

《汗簡》系列字書包括《汗簡》《古文四聲韻》《增廣鐘鼎篆韻》《集鐘鼎古文韻選》《大明同文集舉要》《訂正六書通》《廣金石韻府》《六書分類》共計 8 部[②]。上述 8 部字書中凡明確注明引自《尚書》或古《尚書》者均屬於我們比較的範圍。相關字例列舉如下：

陳	敦煌・盤庚	四聲韻 1・31	綏	敦煌・禹貢	汗簡 66
靈	敦煌・盤庚	四聲韻 2・23	蠢	敦煌・大禹謨	四聲韻 3・14
越	敦煌・盤庚	篆韻 5・13	埴	岩崎・禹貢	六書通 378

① 趙立偉：《尚書古文字編》，中國社會科學出版社，2015。

② （宋）郭忠恕：《汗簡》，中華書局，1983。

（宋）夏竦：《古文四聲韻》，中華書局，1983。

（元）楊鈞：《增廣鐘鼎篆韻》，《宛委别藏》第 21 册，江蘇古籍出版社，1988。

（明）釋道泰：《集鐘鼎古文韻選》，《四庫全書存目叢書》經部第 197 册，齊魯書社，1997。

（明）田藝蘅：《大明同文集舉要》，《四庫全書存目叢書》經部第 197 册，齊魯書社，1997。

（明）閔齊伋輯，（清）畢弘述篆訂《訂正六書通》，上海書店出版社，2013。

（清）林尚葵：《廣金石韻府》，《美國哈佛大學哈佛燕京圖書館藏中文善本彙刊》第 7 册，商務印書館，2003。

（清）傅士垚：《六書分類》，《四庫全書存目叢書》經部 203 册，齊魯書社，1997。

續表

歲	敦煌・堯典	汗簡 68	基	敦煌・武成	汗簡 73
遷	敦煌・盤庚	汗簡 49	堂	内野・大誥	汗簡 73
遲	敦煌・盤庚	汗簡 8	鼇	敦煌・堯典	汗簡 7
遯	敦煌・説命	汗簡 8	野	敦煌・大禹謨	汗簡 30
道	内野・洪範	四聲韻 3・20	動	敦煌・大禹謨	汗簡 7
近	内野・洪範	汗簡 7	斯	九條・酒誥	汗簡 76
往	内野・文侯之命	汗簡 8	斷	敦煌・盤庚	汗簡 76
率	九條・湯誓	集鐘 5・5	輔	敦煌・胤征	汗簡 3
册	敦煌・洛誥	汗簡 10	陽	敦煌・堯典	四聲韻 2・13
嚚	敦煌・堯典	汗簡 7	孥	敦煌・甘誓	韻府 1・26
者	敦煌・舜典	汗簡 48	嬪	敦煌・舜典	汗簡 66
誨	敦煌・説命	汗簡 6	戮	敦煌・甘誓	六書通 327
謀	敦煌・大禹謨	汗簡 59	織	敦煌・禹貢	汗簡 68
謨	敦煌・胤征	汗簡 6	忌	敦煌・多方	汗簡 12

續表

晢	敦煌・甘誓	汗簡 7	惕	上八・盤庚	汗簡 59
諺	敦煌・無逸	汗簡 12	漆	敦煌・禹貢	汗簡 48
度	敦煌・舜典	四聲韻 4・11	洛	敦煌・禹貢	汗簡 61
譸	内野・無逸	四聲韻 2・24	滄	内野・益稷	汗簡 26
毅	敦煌・泰誓	四聲韻 4・9	洋	内野・伊訓	汗簡 48
皮	内野・禹貢	四聲韻 1・15	濟	敦煌・大禹謨	汗簡 61
微	敦煌・説命	汗簡 66	滄	九條・禹貢	汗簡 61
殂	敦煌・舜典	汗簡 20	流	敦煌・舜典	汗簡 61
信	敦煌・舜典	四聲韻 2・17	拜	敦煌・舜典	汗簡 66
列	敦煌・舜典	汗簡 21	拙	岩崎・盤庚	汗簡 30
其	内野・武成	韻府 1・16	捍	九條・文侯之命	四聲韻 4・20
虞	敦煌・堯典	四聲韻 1・24	治	敦煌・胤征	汗簡 64
既	敦煌・禹貢	汗簡 82	好	敦煌・大禹謨	汗簡 81
會	敦煌・大禹謨	汗簡 51	齊	敦煌・堯典	四聲韻 4・13

續表

厚	敦煌・泰誓	汗簡 49	私	敦煌・説命	汗簡 82
舞	敦煌・舜典	四聲韻殘	稷	敦煌・舜典	汗簡 36
梅	敦煌・説命	汗簡 30	秋	足利・舜典	汗簡 36
梓	敦煌・梓材	汗簡 30	稱	敦煌・牧誓	四聲韻 2・28
松	上影・禹貢	四聲韻 1・13	寶	敦煌・盤庚	汗簡 4
樹	敦煌・説命	四聲韻 4・10	僭	岩崎・吕刑	汗簡 23
格	敦煌・堯典	汗簡 68	襄	敦煌・堯典	汗簡 44
析	敦煌・盤庚	汗簡 76	辟	敦煌・洛誥	汗簡 41
麓	敦煌・舜典	汗簡 30	廡	島田・洪範	汗簡 51
師	敦煌・堯典	汗簡 7	驩	敦煌・舜典	四聲韻 1・38
稽	敦煌・舜典	汗簡 23	類	敦煌・舜典	汗簡 20
	敦煌・舜典	汗簡 69	熙	敦煌・舜典	汗簡 55
圖	敦煌・五子之歌	汗簡 33	奄	敦煌・盤庚	汗簡 39
困	敦煌・盤庚	汗簡 30	恪	岩崎・盤庚	汗簡 59

續表

貧	島田・洪範	汗簡 39	族	内野・皋陶謨	四聲韻 5・3
鄰	敦煌・蔡仲之命	汗簡 82	期	敦煌・堯典	汗簡 34
昏	島田・洪範	汗簡 34	方	敦煌・舜典	汗簡 82
思	敦煌・盤庚	汗簡 59	祖	敦煌・無逸	汗簡 3
檿	敦煌・禹貢	汗簡 82	𠀉	敦煌・禹貢	四聲韻 5・9
帝	敦煌・舜典	四聲韻 4・13	貌	岩崎・吕刑	四聲韻 5・18
時	敦煌・胤征	四聲韻 1・19	豫	敦煌・説命	汗簡 59
視	敦煌・説命	汗簡 3	災	敦煌・舜典	汗簡 55
災	敦煌・舜典	汗簡 55	灼	敦煌・立政	汗簡 55
慎	敦煌・舜典	四聲韻 4・18	畀	岩崎・冏命	汗簡 58
弼	敦煌・大禹謨	汗簡 70	滋	九條・君奭	汗簡 5
陟	敦煌・舜典	汗簡 41	晦	敦煌・盤庚	汗簡 74
禹	敦煌・舜典	汗簡 78	謙	敦煌・大禹謨	汗簡 6
懷	敦煌・堯典	汗簡 44	雷	敦煌・舜典	四聲韻 1・29

續表

天	敦煌・盤庚	汗簡 3	厄	内野・多方	汗簡 65
神	敦煌・舜典	汗簡 3	常	内野・皋陶謨	汗簡 59
祖	敦煌・舜典	汗簡 3	文	敦煌・舜典	汗簡 51
中	上八・禹貢	汗簡 4	崇	敦煌・舜典	汗簡 51
蒼	内野・益稷	集鐘 2・9	夷	敦煌・舜典	汗簡 43
荒	敦煌・禹貢	汗簡 62	怒	敦煌・盤庚	韻選 4・6
述	敦煌・微子	汗簡 8	聞	敦煌・胤征	汗簡 65
悳	敦煌・洛誥	汗簡 59	撫	内野・太甲	四聲韻 3・10
衛	敦煌・舜典	汗簡 10	弗	敦煌・堯典	韻府 5・10
變	敦煌・堯典	汗簡 48	封	敦煌・武成	汗簡 73
牧	敦煌・牧誓	四聲韻 5・5	四	敦煌・禹貢	汗簡 73
難	敦煌・舜典	汗簡 18	亂	敦煌・胤征	汗簡 13
惠	敦煌・舜典	汗簡 59	成	敦煌・堯典	汗簡 79
割	敦煌・堯典	汗簡 21	一	内野・盤庚	汗簡 3

續表

典	敦煌・多士	四聲韻殘	禮	敦煌・舜典	汗簡 3
嗌	敦煌・大禹謨	四聲韻 5・16	三	内野・舜典	汗簡 3
静	敦煌・堯典	四聲韻殘	起	敦煌・盤庚	汗簡 8
昔	内野・舜典	四聲韻 5・16	鞭	敦煌・舜典	四聲韻 2・5
宅	上影・舜典	汗簡 51	睦	敦煌・舜典	汗簡 35
罔	敦煌・盤庚	汗簡 39	衡	敦煌・舜典	汗簡 58
罪	敦煌・舜典	汗簡 80	歆	九條・酒誥	汗簡 61
光	内野・益稷	汗簡 55	旬	敦煌・舜典	汗簡 50
淵	敦煌・武成	汗簡 61	岳	敦煌・堯典	汗簡 51
州	敦煌・舜典	汗簡 11	子	敦煌・堯典	汗簡 80
二	九條・無逸	汗簡 73	師	敦煌・堯典	汗簡 7
卨	敦煌・舜典	汗簡 78	思	内野・泰誓	汗簡 59
愆	敦煌・蔡仲之命	汗簡 12	穆	敦煌・舜典	四聲韻 5・5
攘	敦煌・微子	四聲韻 2・15			

另外，我們在研究過程中還發現少數寫本《尚書》隸古定與《汗簡》系字書異構的字形，這類字形共有 9 例。

祀	足利・五子之歌	汗簡 3	社	内野・湯誓	汗簡 3
腆	九條・酒誥	汗簡 73	饑	敦煌・舜典	汗簡 6
鬱	敦煌・五子之歌	汗簡 49	穆	敦煌・舜典	汗簡 36
怒	敦煌・盤庚	鐘篆韻 5・10	揚	敦煌・説命	六書通 113
辰	敦煌・堯典	四聲韻 1・30			

上引諸書除《汗簡》和《古文四聲韻》成書於宋代以外，其餘六部則成書於元明清時期。這類古文材料學術界往往以爲其中字形大多承自前代，字形訛誤較多，並未給予足够的重視，如徐在國指出："這些（指上述六部書所書的古文字形）古文資料大多數源自《説文》、三體石經古文及《汗簡》《古文四聲韻》等書，輾轉抄寫，没有多少新的古文資料。"[①] 由於深受傳統字書編寫習慣的影響，上述諸書收録的字形大部分源於前代字書的積纍或者移録，同樣不可否認的是，其中亦有許多《尚書》隸古定字形與《汗簡》《古文四聲韻》所收古文字形不存在顯著的關聯性，却與晚出的六部書所録古文字形相合，由此可知，這類字書雖然成書時代較晚，新見字形不多，但由於其中一小部分字形的存在而具有其他同類字書所無法替代的價值，因此我們爲認對成書於元明清的幾部古文系字書進行更加深入細緻的研究並且重新認識其研究價值還是十分必要的。

2. 隸古定字形與三體石經古文相合

三體石經刊刻於魏曹芳正始年間，因石經刊刻有古篆隸三體，故名三體石經。這類古文以漢代出土或藏於秘府的古文《尚書》爲底本，其

① 徐在國：《〈傳抄古文字編〉前言》，綫裝書局，2006。

中多數古文字形與出土戰國古文字相合，證明這些古文的確淵源有自。[①] 下表是寫本隸古定《尚書》字形與三體石經古文相合的全部字例。

祥	 内野・伊訓	 石經 12	有	 敦煌・堯典	 石經 19
前	 敦煌・盤庚	 石經 13	裕	 敦煌・多方	 石經 21
往	 敦煌・舜典	 石經 3	西	 岩崎・西伯戡黎	 石經 5
訓	 敦煌・説命	 石經 8	拜	 敦煌・舜典	 石經附録 2
事	 上八・説命	 潘藏石經	亡	 敦煌・大禹謨	 石經 11
教	 内野・舜典	 石經 19	亶	 敦煌・泰誓	 隸續石經
用	 足利・舜典	 石經 23	功	 内野・大誥	 石經 6
爾	 敦煌・大禹謨	 石經 4	金	 敦煌・舜典	 石經 3
敢	 敦煌・盤庚	 石經 12	辰	 敦煌・堯典	 石經附録 2
甘	 敦煌・甘誓	 石經 16	享	 敦煌・無逸	 石經 22

① 孫海波：《魏三字石經集録》，北平大業印刷局，1937。（所收拓本，本書分別簡稱“石經”“石經附録”“石經補”）
顧頡剛、顧廷龍輯《尚書文字合編》，上海古籍出版社，1996。（書中收有潘景鄭、顧頡剛藏石經拓本，本書分別簡稱爲“潘氏藏拓”和“顧氏藏拓”）
劉安國：《西安市出土的正始三體石經殘石》，《人文雜誌》1957 年 3 期。（本書簡稱“西安殘石”）
（宋）洪適：《隸續・魏三體石經左傳遺字》，中華書局，1986。（雖然名爲“左傳遺字”，其中也包括《尚書》古文，本書簡稱“隸續石經”）

續表

簡	敦煌・舜典	隸續石經	才	敦煌・益稷	石經 20
于	敦煌・舜典	石經 4	之	敦煌・舜典	石經 8
虖	敦煌・五子之歌	石經 23	國	敦煌・無逸	石經 7
卹	敦煌・盤庚	石經 17	賢	敦煌・説命	石經 16
旅	吐番・大禹謨	顧藏石經	炿	敦煌・堯典	汗簡 55
一	敦煌・舜典	石經 12	使	敦煌・説命	隸續石經
時	敦煌・胤征	石經 15	至	敦煌・舜典	石經 6
視	敦煌・説命	隸續石經	五	敦煌・禹貢	石經 7
災	敦煌・舜典	隸續石經	撫	内野・太甲	石經 1
慎	敦煌・舜典	石經 23	弗	敦煌・堯典	石經 4
弼	敦煌・大禹謨	石經 3	封	敦煌・武成	西安殘石
陟	敦煌・舜典	石經 17	四	敦煌・禹貢	石經 18
禹	敦煌・舜典	石經附録 3	亂	敦煌・胤征	石經 8
懷	敦煌・堯典	顧藏石經	成	敦煌・堯典	石經 15

續表

天	敦煌・盤庚	石經 4	變	敦煌・堯典	石經 9
神	敦煌・舜典	石經 25	牧	敦煌・牧誓	潘藏石經
祖	敦煌・舜典	石經 16	難	敦煌・舜典	石經 13
中	上八・禹貢	石經 7	惠	敦煌・舜典	石經 8
蒼	内野・益稷	石經 4	割	敦煌・堯典	石經 4
荒	敦煌・禹貢	石經補 1	典	敦煌・多士	石經 25
述	敦煌・微子	石經 13	嗌	敦煌・大禹謨	石經附録 3
悳	敦煌・洛誥	石經 8	静	敦煌・堯典	石經 3
衛	敦煌・舜典	石經 16	昔	内野・舜典	石經 19
文	敦煌・舜典	石經 1	宅	上影・舜典	潘藏石經
崇	敦煌・舜典	石經 12	罔	敦煌・盤庚	石經 25
夷	敦煌・舜典	潘藏石經	罪	敦煌・舜典	石經附録 7
怒	敦煌・盤庚	石經 10	常	内野・皋陶謨	潘藏石經
聞	敦煌・胤征	石經 15			

3. 隸古定字形與《説文》古文相合

《説文》古文主要來源於壁中書，亦有相當一部分文字來源於漢代“中秘”所藏及得自民間的古文經傳抄之本，其字形豐中鋭末或者豐上鋭下，大部分古文可以在戰國古文字中找到來源。我們將寫本《尚書》隸古定字形與《説文》古文相合的字例列表如下：

上	敦煌・舜典		審	敦煌・説命	
下	敦煌・五子之歌		得	敦煌・説命	
鬼	内野・伊訓		詩	敦煌・舜典	
長	敦煌・盤庚		棄	敦煌・牧誓	
恐	敦煌・盤庚		惠	敦煌・舜典	
冬	敦煌・堯典		徵	敦煌・舜典	
揚	敦煌・説命		服	敦煌・舜典	
播	敦煌・舜典		羆	敦煌・舜典	
絶	敦煌・盤庚		陰	敦煌・禹貢	
一	敦煌・舜典		一	内野・盤庚	
時	敦煌・胤征		禮	敦煌・舜典	
視	敦煌・説命		三	内野・舜典	

續表

災	敦煌・舜典		起	敦煌・盤庚	
慎	敦煌・舜典		鞭	敦煌・舜典	
弼	敦煌・大禹謨		睦	敦煌・舜典	
陟	敦煌・舜典		衡	敦煌・舜典	
禹	敦煌・舜典		歆	九條・酒誥	
岳	敦煌・堯典		旬	敦煌・舜典	
光	内野・益稷		子	敦煌・堯典	
淵	敦煌・武成		師	敦煌・堯典	
州	敦煌・舜典		愳	内野・泰誓	
二	九條・無逸		愆	敦煌・蔡仲之命	
卨	敦煌・舜典		使	敦煌・説命	
五	敦煌・禹貢		至	敦煌・舜典	

4. 隸古定古文與《説文》小篆相合

寫本《尚書》中另有一部分隸古定字形與《説文》小篆字形相合。從數量上統計，這部分字形甚至遠遠超過與《説文》古文相合的隸古定字形的數量。

表	敦煌・立政		災	敦煌・舜典	
丂	敦煌・舜典		灼	敦煌・立政	
兜	敦煌・舜典		菐	岩崎・冏命	
須	敦煌・五子之歌		滋	九條・君奭	
庌	敦煌・禹貢		晦	敦煌・盤庚	
乓	敦煌・禹貢		謙	敦煌・大禹謨	
貌	岩崎・吕刑		雷	敦煌・舜典	
豫	敦煌・説命		戺	内野・多方	
吾	敦煌・微子		刊	敦煌・禹貢	
哲	敦煌・説命			足利・益稷	
歷	岩崎・畢命		劓	敦煌・盤庚	
道	敦煌・五子之歌		食	内野・舜典	
御	敦煌・牧誓		櫱	敦煌・説命	
識	敦煌・武成		朝	敦煌・舜典	
誕	敦煌・無逸		黎	敦煌・西伯戡黎	

續表

兆	上八・周官		寧	敦煌・五子之歌	
雍	敦煌・無逸		儔	敦煌・舜典	
奪	敦煌・舜典		仍	觀智院・顧命	
鳩	敦煌・堯典		朕	敦煌・泰誓	
别	内野・舜典		貌	島田・洪範	
利	内野・太甲		首	敦煌・舜典	
滅	敦煌・五子之歌		篤	敦煌・盤庚	
錫	敦煌・堯典		驛	島田・洪範	
錯	敦煌・禹貢		燎	敦煌・盤庚	
陵	敦煌・堯典		黥	岩崎・吕刑	
草	敦煌・舜典		惇	敦煌・禹貢	
從	敦煌・舜典		懷	敦煌・堯典	

需要特别指出的是，“參”字的隸古定字形於寫本《尚書》中2見，分别作（敦煌・西伯戡黎）、（敦煌・西伯戡黎），與《説文》及各類字書所收篆體古文皆異，這種寫法亦未見於傳世字書。出土材料僅見於戰國之楚簡和晉系文字的青銅器，如包山簡“參”字作（包山12）、

（包山 13），晉系文字作（梁上官鼎）。故“参”字隸古定字形因寫本《尚書》而得以保存至今，亦可見寫本《尚書》在保存隸古定字形材料方面的獨特價值。

二　隸古定《尚書》寫本性質

我們對《尚書古文字編》的隸古定字形逐一統計後共得隸古定字形單字 317 個，《尚書》全書所用單字共 2026 個，隸古定字形單字數占全書單字總數的 15.6%。[①] 這一數字恰可印證陸德明對隸古定寫本“所有古字蓋亦無幾”的描述。雖然如此，由於隸古定字形占《尚書》總字數的七分之一，這些字形在瞭解寫本面貌及探討流變過程的研究中仍然可以發揮其應有的價值。爲了便於説明問題，我們先把相關數據列舉如下：

（1）隸古定字形與《汗簡》等字書所引《尚書》古文相合者共 195 字；異構者 9 字；

（2）隸古定字形與三體石經古文相合者共 74 字；

（3）隸古定字形與《説文》古文相合者共 49 字；

（4）隸古定字形與《説文》小篆相合者共 52 字。

學界一般認爲，中古時期隸古定《尚書》寫本有兩類：一種是陸德明《經典釋文 · 序録》所謂“穿鑿之徒務欲立異，依傍字部，改變經文，疑惑後生，不可承用”之本，依陸氏所言，此類寫本中的奇字過多，以致時人不能卒讀；另一種便是陸氏所謂“所有古文蓋亦無幾”，隸古定字形較少的寫本，亦即《經典釋文 · 序録》所言“宋齊舊本”[②]，這也是自晉代至唐代天寶初年當時流行的主要寫本。依據上文我們對隸古定古文的數字統計，目前我們能見到的中古《尚書》寫本應該是古文所剩不多的“宋齊舊本”。關於這類寫本及隸古定古文的性質，古人已有定論，如晁公武《郡齋讀書誌》認爲《古文尚書》是“漢孔安國以隸古定五十九篇之書。蓋以隸寫籀，故謂之隸古。其書自漢迄唐，行於學官。明皇不

① 劉殿爵：《尚書逐字索引》，商務印書館（香港）有限責任公司，1995，第 307 頁。
② （唐）陸德明：《經典釋文》，上海古籍出版社，1985，第 8 頁。

喜古文，改從今文，由是古文遂絶。陸德明獨存其一二於《釋文》而已。皇朝吕大防得本於宋次道、王仲至家以校陸氏《釋文》，雖小有異同，而大體相類。觀其作字奇古，非字書傅會穿鑿者所能到”。① 下面，我們將通過兩類古文材料的比較再次證明上述《郡齋讀書誌》的觀點。

一類材料爲《尚書》石經古文與寫本隸古定古文的字形與用字比較。迄今爲止，出土的石經《尚書》古文共計 326 字，將其與隸古定古文寫本《尚書》進行綜合比較，再略加分類得出以下幾組數據：

（1）石經古文同於寫本隸古定者 54 字，約占總數的 16.6%；

（2）石經古文同於寫本楷字者 162 字，約占總數的 49.7%；

（3）石經古文與寫本文字爲通假關係者 23 字，約占總數的 7.1%；

（4）石經古文與寫本字形分别爲古字及今字者 16 字，約占總數的 4.9%；

（5）石經古文或隸古定古文發生書寫變異而形成一字異體者 44 字，約占總數的 13.5%；

（6）石經古文或寫本隸古定因部件增減、替換而異構者 27 字，約占總數的 8.3%。

上述第（1）、（2）兩組共占字形總數的 66.3%，第（3）、（4）兩組相加占字形總數的 12%，寫本因時代不同而産生用字變化。第（5）組書寫變異的字形大體可分爲兩類，一類爲石經古文的刻意修飾而形成的異寫字形；另一類則是由於文字所屬的地域差異而形成的異寫字形，或者是石經古文源於六國文字而隸古定寫本之文字與秦文字一脈相承，或者相反石經古文承自秦文字而隸古定寫本中的古文字形承自六國古文。第（6）組字形所占比例較少，來源則較爲複雜，其中部分異構字源於戰國文字的地域性差異，而另一類異構字則應歸因於形聲結構中形符或聲符的替换。

另一類材料爲隸古定字形與出土戰國楚簡所引《尚書》文字的比較，詳見下表。

① 晁公武：《昭德先生郡齋讀書誌》，《萬有文庫》第 2 集第 700 種，商務印書館，1937，第 33 頁。

天	敦煌・胤征	清華・金縢 12	敢	敦煌・盤庚	清華・金縢 6
帝	敦煌・舜典	清華・金縢 4	利	内野・太甲	清華・金縢 6
祝	敦煌・無逸	清華・金縢 3	則	岩崎・説命	清華・金縢 5
靈	敦煌・盤庚	上博・緇衣 14	其	敦煌・盤庚	清華・金縢 1
若	九條・文侯之命	清華・金縢 4	厚	敦煌・五子之歌	郭店・成之 39
起	敦煌・盤庚	清華・金縢 13	才	敦煌・舜典	清華・金縢 4
道	敦煌・五子之歌	郭店・成之聞之 29	止	敦煌・舜典	清華・金縢 5
德	敦煌・堯典	上博・緇衣 3	師	敦煌・堯典	上博・緇衣 20
藝	敦煌・舜典	清華・金縢 4	員	敦煌・微子	上博・緇衣 20
爾	敦煌・大禹謨	郭店・緇衣 39	昔	内野・舜典	清華・金縢 11
有	敦煌・堯典	清華・金縢 1	雨	敦煌・堯典	上博・緇衣 6
稱	敦煌・牧誓	郭店・成之聞之 22	雨	敦煌・舜典	上博・緇衣 6
丂	敦煌・舜典	清華・金縢 4	雷	敦煌・舜典	清華・金縢 9
鬼	内野・伊訓	清華・金縢 4	聞	敦煌・胤征	清華・金縢 10
流	敦煌・舜典	清華・金縢 7	五	足利・舜典	上博・緇衣 14

隸古定字形之見於楚簡者共有 37 字，將兩類文字材料進行比較後我們發現，隸古定與楚簡結構相同的字形共 30 例，不同者 7 例，由此亦可證寫本隸古定字形非“字書穿鑿傳會者所能到”。

另外，寫本《尚書》隸古定字形與楚簡異構的字例，共 7 例，如下表所示。

一	 内野・盤庚	清華・金縢 2	既	 敦煌・禹貢	 清華・金縢 1
上	 敦煌・舜典	 清華・金縢 3	册	 敦煌・洛誥	清華・金縢 2
下	 敦煌・禹貢	 清華・金縢 5	豫	 敦煌・説命	 清華・金縢 1
三	 敦煌・舜典	 清華・金縢 1			

上述數據説明，石經拓本與隸古定寫本有直接的淵源關係，它們最早的來源甚至可以追溯到戰國時期的各種竹書寫本。關於這類寫本在中古時期的流傳情況，則可以通過隸古定與《汗簡》系列字書的字形比較得到證明。隸古定字形見於《汗簡》系列字書所引《尚書》古文 204 例，其中字形相合者 195 字，異構者 9 字。這一數字充分説明寫本隸古定《尚書》與郭忠恕《汗簡》及其他同類字書所引《古文尚書》存在十分密切的關係，它們極有可能源自同一版本系統。關於兩者之間的關係，黃錫全先生亦持類似觀點。①

除了上述來源之外，隸古定字形中尚存在一部分來自《説文》的字例，其中與《説文》古文相合 49 例，與《説文》小篆相合者共 52 例，隸古定與《説文》相合的字數占隸古定字形總數的近三分之一。據許慎《説文解字叙》記載，許慎曾經見過漢代所出和民間所獻的各類古文寫本，其中包括以古文書寫的《尚書》寫本。這類寫本到後代仍有流傳，在《隋書》及新舊《唐書》中均有關於古文《尚書》的著録。韓愈《科

① 黃錫全:《汗簡注釋》，武漢大學出版社，1990。

斗書後記》:“貞元中，愈事董丞相幕府於汴州。識開封令服之者，陽冰子。授余以其家科斗《孝經》、漢衛宏《官書》。”[①] 衛宏長於古學，又受業於杜林，杜林曾於西州得古文《尚書》，並曾以此示衛宏等其他弟子，因此衛宏所著的《古文官書》應該就是他研究《尚書》的專門著作，其中含有不少古文字形，韓愈能見到這些書，説明它們至唐代仍在流傳，這類寫本顯然會對隸古定古文《尚書》産生影響。因此《説文》古文與隸古定古文字形雖然保存形式不同，但却有共同的來源。

至於與《説文》小篆相合部分，我們推測有兩種不同的可能性：一種是爲了達到“存古可慕”的目的，有意採集《説文》小篆代替原書字形；還有一種可能則是隸古定與小篆相合的部分的確有版本的依據。因爲據我們研究發現，但凡與隸古定相合的《説文》小篆字形，許慎在説解時往往引用《尚書》文字作爲例證，這或許與許慎所引用的寫本在後代仍然有隻言片語的流傳有關。

第三節　隸古定古文的構形特點

由於書寫者在書寫文本時往往帶有一定的個人色彩，而字書編撰者在集録字形的過程中受體例限制往往會考慮字形的規範，故以文本形式存在的隸古定字形與字書中保存的隸古定字形特點有所不同，下面結合相關例證詳細論述。

一　因書寫變異而導致異體紛呈

漢字在書寫的過程中往往會出現筆畫或部件的變異，這些變異最初往往是個人行爲，經過一段時間而爲社會大衆接受或認可，最終固化並通行，我們稱之爲書寫性變異。構成隸古定字形的部件在轉寫過程中往往會因書寫的變異而形成不同的變體，且這些變體又會出現不同的組合

① 韓愈:《科斗書後記》,《韓愈文集彙校箋注》(第 3 册)，中華書局，2010，第 398 頁。

方式，其結果則是同一隸古定古文的異寫字形更加形式多樣。

如“眔”字《説文》小篆作，此字自三體石經古文開始發生訛變作，寫本《尚書》或承自石經古文的字形，而更多的字形則發生了不同程度的訛變。

九條・梓材	敦煌・舜典	上影・禹貢	足利・説命
敦煌・無逸	觀智院・康誥	天理・咸有一德	上影・堯典
上八・益稷	内野・盤庚	上元・盤庚	上影・益稷
上影・盤庚	上八・伊訓	上影・舜典	上八・無逸

“亂”字石經古文作（集録 8），《汗簡》古文作（汗簡 13），《古文四聲韻》古文作（四聲韻 4・21），隸古定寫本古文或由傳抄古文轉寫而來，又或發生不同程度的訛變。

九條・禹貢	敦煌・無逸	敦煌・盤庚	敦煌・説命
敦煌・胤征	敦煌・胤征	敦煌・武成	九條・胤征
敦煌・蔡仲之命	上八・武成	内野・太甲	敦煌・無逸
敦煌・盤庚	上八・仲虺之誥	上影・胤征	足利・禹貢
内野・胤征	上影・湯誓	足利・胤征	

寫本中另有部分字形由於部件變異的影響而改變原有的構字布局，如下表中所列字形均屬改變布局的例子：

者	敦煌・舜典	敦煌・禹貢	敦煌・舜典	九條・禹貢
變	内野・盤庚	岩崎・盤庚	敦煌・無逸	岩崎・畢命
虞	敦煌・堯典	岩崎・西伯戡黎	上影・大禹謨	足利・堯典
國	島田・金縢	敦煌・多方	九條・多方	九條・立政
期	敦煌・堯典	敦煌・堯典	内野・周官	敦煌・大禹謨

由於隸古定字形在寫本形成的年代早已不再通行，書寫者對其形義聯繫缺乏足够的認識，加之缺乏必要的社會約定性，故隸古定古文的書寫往往會受到抄寫者個人的認識和固有書寫習慣的影響而有所變異。故而與當時的通行文字相比，隸古定字形的變體更加豐富，並且很多字形缺乏可歸納的形變規律。

二　因部件改换而導致結構變化

部件替换是構成異構字的重要方式之一，也是寫本隸古定異體字大量存在的重要原因。

1. 敦煌・舜典—敦煌・無逸

敦煌本《舜典》隸古定古文當源於三體石經古文“”，又楚簡“祖”字作（上博六・競 8）、（包山 241），皆贅加聲符“虍”，爲隸古定古文的來源。《廣韻・御韻》：“詛，亦作樝。”

2. 敦煌・盤庚—内野・盤庚

《説文・辵部》：“，徐行也。从辵、犀聲。《詩》曰：行道遲遲。遅或从𡰥。籀文遲从屖。”《説文》小篆或體、籀文分别與上引“遲”字隸古定古文相合。又楚簡“遲”字作（上博三・周 14）、（郭店・老乙 10），爲上述第一類隸古定字形的來源；或作（清華・楚居 2）、（新蔡乙 39），從辵屖省聲，爲第二類隸古定字形的來源。

3. 敦煌・五子之歌—内野・洪範

敦煌本“道”字同於《說文》小篆“”，内野本“道”字則與（汗簡 10）、（四聲韻 3・20）等字形相合，楚簡“道”字作（郭店・語叢二 38），亦與此同。《廣韻・晧韻》：“衜，古文道。”

4. 敦煌・舜典—内野・文侯之命

《說文》小篆“往”字作“”，與敦煌本同，亦與楚簡“往”字作（郭店・老丙 4）相合；《說文》古文“往”字作“”，則與内野本“往”同形，又與楚簡“往”字（郭店・語叢四 2）相合。

5. 敦煌・舜典—敦煌・舜典

“栽”字《說文》小篆作，《說文》古文則作，分别與上述隸古定字形相合。又《汗簡》所録《尚書》古文分别作（汗簡 55）、（汗簡 55），恰與上述隸古定字形相對應。

6. 上八・益稷—敦煌・舜典—敦煌・舜典

“拜”三體石經作，當是上八本隸古定古文“拜”字的來源，又楚簡作（包山 2.272）、（清華・程寤 03）皆與此同。“拜”《說文》小篆作，其構形正與敦煌《舜典》“拜”字古文同形。又“拜”《說文》古文作，當是敦煌本《舜典》隸古定字形“拜”的來源。

7. 敦煌・説命—上八・盤庚

《説文》：“巘，伐木餘也。从木，獻聲。《商書》曰：若顛木之有甹巘。，巘或从木，辥聲。亦古文巘。”“巘”字的或體和古文分别與上述隸古定異體相合。

8. 敦煌・禹貢—敦煌・堯典—敦煌・舜典

敦煌《禹貢》中的“冬”當是《說文》“終”字古文的隸定，《古文四聲韻》引《尚書》作（1・12）亦與此同，這類字形在戰國文字中習見，如楚簡作（郭店・老子乙 13）、（郭店・語叢四 3）。《堯典》中的“冬”字則同於《說文》古文，此類字形亦見於楚簡，如《郭店・緇衣》引《尚書》作（緇衣 10）、《上博・緇衣》引《尚書》作（上博・緇衣 6）。《汗簡》引《碧落碑》“冬”字作，從日在冬上，與《舜典》“冬”字形近，當是“冬”的繁體。

9. 敦煌・盤庚—足利・咸有一德

隸古定古文“動”字多從“重”得聲作（敦煌・盤庚）、（敦煌・大禹謨），或偶見從“童”得聲者如（上影・咸有一德）、（足利・咸有一德）。童、重均爲定母東部，故兩個隸古定古文字形爲更换聲符而形成的異體字。

10. 敦煌・盤庚—敦煌・盤庚

上述第一個“敢”字當源於《說文》小篆，第二個隸古定字形則源於石經古文（集録 10），清華簡“敢”字作（清華・金縢 6）、（清華・金縢 11）者與此同。

因結構變化而造成的異體同樣是用字研究所需重點關注的内容，因下文相關章節還要具體討論，此略而不述。

第四節　隸古定古文形體演變通例

一　部件類化

類化是漢字演變過程中普遍存在的現象，也是造成隸古定古文字形變化的重要原因。林澐先生較早關注到古文字中的類化現象，他指出：“文字形體的早期演變，固然受到每個文字基本符號單位原來是由什麽圖形簡化的制約。但是，隨着文字逐漸傷失圖形性，而在學習和使用者的意識中僅成爲區别音義的單純符號，上述的制約性就越來越弱。起源於完全不同圖形的諸字，衹要在局部形體上有某方面雷同，往往便在字形演變上相互影響而採取類似的方式變化字形。這種現象可稱之爲‘類化’。”[①] 劉釗《古文字構形學》對古文字類化現象有專門的論述，他指出：“類化又稱‘同化’，是指文字在演變過程中，受所處具體語言環境和受同一文字系統内部其他文字的影響，同時也受自身形體的影響，在構形和形體上相應地有所改變的現象。”[②] 劉釗先生將古文字中的類化現象分爲兩類：一類是文字形體自身的類化，即在一個文字形體中改變一部分構形以“趨同”於另一部分構形的現象；另一類是受同一系統内其他文字的影響而發生類化，隸古定古文的字形類化多屬後者。由於隸古定古文所從出的字形本身便與通行文字（今文字）有所差異，而這些差異更增加了訛變與類化的可能性，由於其形體來源較爲久遠，後人不明其構形的原理，更容易導致不同的書寫者依據個人的理解和書寫習慣改寫古文字形的後果，變化的結果則是部件形體與其源初字形逐漸失去聯繫而類化爲並無音義關係的形近高頻部件。另外，由於隸古定古文字形相對比較特殊，類化現象大多是因其他文字的影響而發生，字形内部件趨同的現象我們没有見到。

1. 受通行寫法的影響而産生類化字形

隸古定字形雖然源於先秦古文字，但是當它們與後代的隸書、楷書等字體並行於世的時候，隸古定字形很容易受到隸楷字形的影響而發生變化，從而産生與先秦古文字截然不同的新字形。寫本《尚書》中受隸楷字形演變規律影響而發生的部件類化現象比較常見，下表皆是在隸楷演變規律的影響下部件發生類化而産生的異寫字形。

① 林澐：《釋古爾中從“束”的兩個字》，《古文字研究》（第 19 輯），中華書局，1992，第 468—469 頁。

② 劉釗：《古文字構形學》，福建人民出版社，2006，第 95 頁。

字頭	常見字形	類化字形	字頭	常見字形	類化字形
亡	敦煌・大禹謨	敦煌・五子之歌	喪	敦煌・舜典	上影・伊訓
祖	敦煌・無逸	岩崎・吕刑	虐	敦煌・胤征	敦煌・蔡仲之命
荅	敦煌・牧誓	上八・洛誥	臬	敦煌・禹貢	敦煌・盤庚
歸	敦煌・五子之歌	内野・太甲	國	敦煌・無逸	敦煌・多方
時	敦煌・胤征	九條・多方	者	吐番・大禹謨	敦煌・立政
族	上八・泰誓	上影・仲虺之誥		内野・武成	足利・梓材
罔	敦煌・胤征	敦煌・盤庚	事	敦煌・説命	敦煌・説命

2. 部件變化具有類推性

隸古定部件變化的類推性表現在部件組字時往往會受到相鄰部件的影響，或位置的變化，而演變出不同的部件變體，並且常常呈現出一致性的變化趨勢。如：

（1）部件“止”類化爲“山”。

動	敦煌・盤庚	敦煌・大禹謨	前	敦煌・盤庚	敦煌・盤庚
歲	敦煌・説命	島田・洪範	者	足利・太甲	敦煌・胤征
困	敦煌・盤庚	敦煌・蔡仲之命	旃	敦煌・甘誓	敦煌・牧誓

（2）部件“火”類化爲“大”。

字頭			字頭		
熙	敦煌·舜典	敦煌·益稷	魯	敦煌·微子	上元·微子
辟	敦煌·説命	敦煌·説命			

（3）部件“彡”類化爲“夂”。

字頭			字頭		
功	内野·舜典	足利·太甲	彰	内野·堯典	敦煌·堯典
穆	上八·吕刑	敦煌·舜典	變	内野·堯典	敦煌·堯典
變	内野·蔡仲之命	足利·太甲			

（4）部件“亡”類化爲“匕”。

字頭			字頭		
舞	敦煌·大禹謨	内野·伊訓	罔	敦煌·胤征	内野·大禹謨
喪	敦煌·舜典	上元·説命			

3. 具有許多不同於通行文字的類化部件

隸古定古文用隸楷的筆畫寫定古文形體，與當時通行文字形體區别很大，抄寫者大多不懂字形原初的構形理據，難免會按照個人的理解對原有的字形進行“改造”，這種改造積非成是，從而産生許多不同於通行文字而僅僅存在於隸古定古文中的部件類化現象。

字頭	常見字形	類化字形	字頭	常見字形	類化字形
虞	上影·堯典	敦煌·堯典	悳	敦煌·堯典	敦煌·大禹謨

續表

字頭	常見字形	類化字形	字頭	常見字形	類化字形
厚	足利・五子之歌	九條・五子之歌	蒼	内野・益稷	足利・益稷
割	敦煌・堯典	上八・湯誓	吺	敦煌・舜典	内野・舜典
封	敦煌・武成	岩崎・畢命	教	足利・酒誥	内野・大禹謨
靈	敦煌・盤庚	敦煌・盤庚	譽	内野・畢命	敦煌・多士
好	敦煌・大禹謨	上影・大禹謨	變	敦煌・無逸	敦煌・堯典

4. 部件變異具有多嚮性

對於後代的一般書寫者而言，隸古定字形既不通行，亦不存在字形與音義的關係，因此不同的書寫者對字形往往會有截然不同的理解，從而導致同一部件被類化爲不同的部件變體。如：

斯	内野・洪範	九條・酒誥	島田・洪範	内野・酒誥
会	内野・洪範	内野・禹貢	内野・無逸	觀智院・周官
功	内野・舜典	足利・太甲	敦煌・舜典	上影・召誥
忌	敦煌・多方	敦煌・多方	敦煌・顧命	觀智院・顧命
辟	敦煌・説命	敦煌・無逸	敦煌・説命	神田・泰誓
誓	敦煌・秦誓	敦煌・甘誓	敦煌・泰誓	上八・甘誓

續表

變	 敦煌・無逸	 敦煌・堯典	 内野・畢命	 内野・堯典
舞	 敦煌・益稷	 内野・伊訓	 内野・舜典	 上影・伊訓

二　字形雜糅

當隸古定古文與隸楷字形在寫本中並存的時候，不可避免地會受到後世隸書、楷書等通行字體的影響，部分組字部件甚至發生變異形成隸體部件或楷體部件與隸古定部件共同組合成字，從而形成一字之中隸古定部件與隸楷部件並存的獨特現象，請看下面的字例：

隸古定古文中部件“土”本不應加點，如“基”字作（内野・武成）、（足利・太甲），“社”字作（内野・湯誓）、（上八・湯誓）。然而爲了與“士”字區分，自漢代開始出現加點的部件“土”，《隸辨》卷三姥韻：“土本無點，諸碑士或作土，故加點以别之。”後來“圡”則爲“土”的增點俗字。[①] 隸古定古文“基”字或從“圡”作（天理・太甲）、（岩崎・畢命），“社”或從“圡”（天理・太甲）、（神田・泰誓），顯然是受到時俗用字的影響。

“事”字石經古文本作（石經・立政），寫本《尚書》古文作（上八・舜典）、（足利・武成），與石經古文“事”結體相同。寫本《尚書》或訛變作（上八・武成）、（島田・大誥），從“⺕”而不再從“又”，顯然是受到隸楷寫法的影響。

寫本“疆”字隸古定古文作（敦煌・泰誓）、（内野・梓材），與《隸續》所録石經“疆”字古文正同。自漢代草書開始，部件“灬”

① （清）顧藹吉:《隸辨》，中華書局，1986，第 94 頁。

常常連筆寫作“一”，受其影響，反過來“一”亦可寫作“灬”。① 部件“一”作“灬”在寫本《尚書》中亦不乏其例，如“丕”字作（上元・盤庚）、（上八・金縢），“極”字作（上八・洪範）、（上八・洪範）等等，受其影響，寫本《尚書》古文“疆”字或從“灬”作（上八・泰誓）、（上八・畢命）。

楷書部件“工”的俗書或省作“二”，相反，部件“二”或又訛變作“工”，受其影響，形同於“二”的符號亦常常作“工”，寫本《尚書》中形同於“二”的裝飾性符號常常形變作“工”。如“齊”字本作（敦煌・堯典）、（内野・盤庚），或從“工”作（敦煌・盤庚）、（觀智院・顧命）；“濟”字本作（敦煌・大禹謨）、（敦煌・胤征），或從“工”作（敦煌・盤庚）、（敦煌・蔡仲之命）；“篤”字本作（敦煌・盤庚）、（内野・盤庚），或從“工”作（敦煌・盤庚）、（敦煌・武成）；“夷”字本作（敦煌・舜典）、（内野・堯典），或從“工”作（敦煌・立政）、（神田・泰誓）；“剛”字本作（敦煌・舜典）、（九條・酒誥），或從“工”作（足利・酒誥）。

“淵”字《説文》古文作，篆體《尚書》古文作（汗簡 6）、（四聲韻 2・3），寫本隸古定古文作（敦煌・武成）、（鳥田・武成）、（神田・武成），隸古定字形雖然仍有水於潭中盤旋回轉之意，但“水”已經由篆體部件轉化爲楷書部件。

“番”字楚簡作（上博・緇衣 15），或作（郭店・緇衣 29），隸古定古文承此類形體作（敦煌・舜典）、（敦煌・多方），由於部件コ在今文字階段較少使用，故“コ”類化爲“刀”，如“番”字作

① 梁春勝：《楷書部件演變研究》，綫裝書局，2012，第 357 頁。

（神田・泰誓）、（上八・禹貢），又或類化作“勹”，如“番”字作（岩崎・禹貢）。另外，受隸變規律的影響，部件“采”的兩點常常連接爲横畫，故“番”字又或作（上影・舜典）、（足利・康誥）。

“絶”字《説文》古文作，《汗簡》作（《汗簡》26），寫本隸古定承此類字形作（敦煌・高宗肜日），由於部件“刀”的此類寫法在隸楷階段較少使用，故部件“刀”又訛變爲“乚”，如“絶”字或體作（岩崎・西伯戡黎）、（上影・甘誓）等等。

“喪”字石經《尚書》古文作（集録4），小篆作（集録4），隸古定古文承此類形體作（敦煌・武成）、（敦煌・舜典），由於隸楷階段的部件“口”常常草化爲“人”，受此形變規律的影響，隸古定古文“喪”字又或作（内野・多士）、（足利・湯誓）。隸楷階段居於字形中間的兩點又可省簡爲一點，故“喪”字又或作（上八・多士）、（上八・武成）。同樣，“漆”字《汗簡》引《尚書》古文作（5・8），寫本隸古定《尚書》作（敦煌・禹貢）、（敦煌・禹貢），右側的部件“口”已訛變爲“人”，顯然是受到隸楷形變規律的影響，《古文四聲韻》引《尚書》作（《四聲韻》5・8），也是古今雜糅的字形。《書古文訓・禹貢》“漆”字古文作、，其字形保真的程度遠遠優於寫本字形，因此對於《書古文訓》的字形和内容應該區别看待，完全否定其價值是不恰當的做法。

“飲”字篆體古文作（《汗簡》61）、（《四聲韻》3・28），本從水侌聲，隸古定古文作（内野・酒誥）、（足利・酒誥）、（九條・酒誥），其形符“水”已轉化爲楷體字形。由於隸楷階段部件“口”與“厶”常常混同，故聲符所從的部件“云”訛變爲“合”，又因爲變曲爲直是隸變的重要表現，故而篆體古文表示云狀的曲綫拉直爲横畫而成九條本《酒誥》的“飲”字。同樣，“陰”字隸古定古文作（敦煌・禹貢）、（敦煌・禹貢），或者作（觀智院・周官），所從的部件“厶”偶有類化爲“口”現象。“契”字篆體古文作（《汗簡》78）、（《四聲韻》5・13），隸古定古文承此體作（敦煌・舜典）、（上影・舜典），部件“厶”或變爲“口”作（内野・舜典）、（足利・舜典），同樣受到隸楷形變規律的影響。

“斯”字篆體古文作（《汗簡》76）、（《四聲韻》1・1），隸古定古文作（内野・洪範）、（古文訓・洪範），部件“斤”顯然已是楷體寫法，左側的部件“亓”或發生訛變，如“斯”字或作（九條・酒誥）、（島田・洪範）、（内野・酒誥），部件“亓”同樣是受到楷書部件形變規律的影響。

“釐”《汗簡》引《尚書》古文作（《汗簡》74），《四聲韻》引《尚書》古文作（《四聲韻》1・20），黄錫全認爲，字從宀從耊，是寶形之訛。[①]李春桃則認爲戰國文字中有“耊”字，如郭店簡作（郭店・太一8）、（郭店・窮達15），也不能排除古文“釐”字古文從“耊”訛變而來的可能性。[②]兩種説法雖然稍有不同，然而均指出“釐”古文本從“來”得聲，在這一點上，兩家的觀點是一致的。隸古定古文由篆體古文轉寫而來，然而部件“來”已簡化爲俗體作（敦煌・堯典）、（敦煌・胤征），又“釐”字古文訓《堯典》作，字形顯然優於隸古定古文。

“蠢”字篆體古文作（《汗簡》68）、（《四聲韻》3・14）、（《四聲韻》3・14），本從𢦏䒤聲，隸古定古文或承篆體古文字形作（敦煌・大禹謨），又或從“舂”的楷體字形者作（内野・大誥）、（上八・大誥）。

---

① 黄錫全:《汗簡注釋》，武漢大學出版社，1990，第461頁。
② 李春桃:《古文異體關係整理與研究》，中華書局，2016，第8頁。

今本“愆”字篆體古文作（《汗簡》12）、（《四聲韻》2・5），隸古定古文或承篆體古文作（内野・無逸）、（古文訓・大禹謨），本從言侃聲，聲符“侃”或類化爲“保”字作（敦煌・蔡仲之命）、（敦煌・無逸），又或省聲作（敦煌・牧誓）、（敦煌・牧誓）、（敦煌・無逸）。

另外，下表所列各字同樣是糅合了隸古定與隸楷筆法兩類部件的字形，特別需要指出的是，“箕”字在古文字階段尚未産生，所謂的隸古定則是據楷書字形的回改。

字頭	隸古定字形	雜糅字形	字頭	隸古定字形	雜糅字形
麓	敦煌・舜典	内野・舜典	教	足利・酒誥	足利・大禹謨
類	敦煌・舜典	上影・舜典	衡	敦煌・舜典	内野・説命
使	敦煌・説命	敦煌・説命	祇	岩崎・冏命	内野・伊訓
宅	敦煌・盤庚	上元・盤庚	稽	敦煌・舜典	敦煌・洛誥
箕	内野・武成	島田・洪範	拜	敦煌・舜典	敦煌・舜典
僉	敦煌・説命	上八・洪範	長	敦煌・盤庚	上影・伊訓
裕	敦煌・多方	九條・無逸	罔	敦煌・胤征	敦煌・盤庚
齊	敦煌・堯典	上八・冏命	族	内野・皋陶謨	九條・仲虺之誥

第五節　隸古定字形疏證

相對於從字書和韻書中輯録的隸古定古文而言，古寫本《尚書》中的隸古定字形不僅來源更加可靠，而且字形變化更加豐富、特色更加明顯，本節擬選取其中部分字例進行疏證，以説明寫本隸古定古文的價值。我們將對隸古定古文和出土古文字（主要是隸變之前的古文字材料）進行比較，追溯其形體的來源；然後考察隸古定字形在傳寫過程中所經歷的變化，證之以漢魏以後的各類文字資料，尋找促使其形體演變的内外因素，從共時的角度通過隸古定古文與隸楷階段漢字材料的對比探討隸楷部件對隸古定古文字形的影響。

一　荅及相關諸字

《尚書》寫本中“荅”字皆爲“應荅”之意，其寫法可分爲以下兩類。

一類作：敦煌・牧誓　敦煌・洛誥

一類作：内野・洛誥　上八・顧命

上八・洛誥　内野・康王之誥

我們暫將第一類字形隸定爲“⿱亼日”，第二類字形隸定爲“畣”。爲方便討論，下面先將各類字書中與兩字有關的解釋引述如下。

先看關於“畣”字的解釋：

> 《爾雅》：“俞、畣，然也。”郭注：“畣，古答字，一本作荅。”
>
> 《玉篇・亼部》：“畣，當也，對也，然也。今作荅。”
>
> 《集韻・合韻》：“答，古作畣。”
>
> 《康熙字典・田部》：“答，古作畣。”

再看關於“⿱亼日”字的解釋：

《玉篇·會部》："會，對也，合也。倉，古文。"

《類篇·合部》："會，合也。古作倉。"

《康熙字典·日部》："倉，古會字。"

《漢語大字典·日部》："（一）同'會'。《玉篇·會部》：'倉'，古文'會'。（二）同'答'。聞一多《古典新義·敦煌舊鈔楚辭音殘卷跋附校勘記》：'"屈原答靈氛曰"，《殘卷》作"倉"。按："倉"，古答字。《爾雅》有之，然已訛作"畣"，從田，於義無施。他書用古字者莫不皆然，蓋習非勝是，沿誤久矣。作"倉"者平生惟此一見。'"

由上舉引文不難看出，各家皆以"倉"爲"荅（答）"字古文，《玉篇》等書雖亦收録"倉"字，却置於"會"字條下，以之爲"會"字古文。《漢語大字典》以聞氏之説爲據，將"倉"視爲多音多義字，與之前的字書相比，這無疑是可喜的進步，大概由於聞氏之説在當時看來僅僅是一個孤證，並且編者亦不能明其來源及相關的字際關係，故編者没有在字頭後面附列相關古文字形，亦没有對該字的來源及其字際關係作出任何説明。下面我們結合古本《尚書》及相關古文字材料對上述各字的關係及分化演變的過程作出解釋説明。

在出土古文字材料中，"倉"解作"應答"最早出現於春秋時期的青銅器銘文《晉公盞》，該器有銘文作"[illegible]揚皇卿"，楊樹達曰："倉字從曰合聲，乃荅對之荅本字也。《爾雅·釋言》云：'俞，畣，然也。'畣即此倉字，乃誤從曰爲田，則無義可説，繆以千里矣。"[①] 今按：[illegible]確爲"荅"之本字，新出楚簡中的相關材料可進一步補證楊氏的觀點，如傳世本《逸周書·皇門》"乃維作誣以對"，清華簡《皇門》作"乃惟詐詬以[illegible]"，"[illegible]"與"對"互爲異文，則"[illegible]"顯然是"答"字。上博簡《曹沫之陳》記録了魯莊公與曹沫之間論兵問政的一段對話，簡文屢見"曹沫[illegible]曰"之辭，

① 楊樹達：《積微居金文説》，上海古籍出版社，2007，第115頁。

或徑省作“曰”，均出現於曹沫回答魯莊公提問的句子中，其中的“”顯然也是“答”字，以上數體就是隸古定古文“畣”字的來源。

至於寫本中的“畣”類字，當如楊氏所説“乃誤從曰爲田”所致，這類訛變現象見於秦漢簡牘，亦見於魏晉碑刻，然“曰”旁作“田”至遲在戰國楚文字中便已出現，就我們所調查的材料來看，上博簡作爲“應答”之意的“答”字多從曰從合，其中亦不乏訛從田者，如上博《中弓》簡六“中弓答曰”之“答”字從田作“”即其例，這類“答”字應該就是隸古定古文“畣”的來源。另外需要説明的是，在記録應答義時，楚文字作“”者占絶大多數，而作“”則用例極少，此事實亦進一步説明“畣”應是其原初字形，而“畣”應爲其訛變字形。然而由於不能探明其原因，“畣”作爲“答”的古字被戲劇般地保存了下來，“畣”却湮没無存。古寫本《尚書》難能可貴地保留了此字的用法，使我們得以以此爲契機，借助新出古文字材料還原歷史之原貌，這進一步説明古寫本《尚書》在文字學研究領域的獨特價值。《古文四聲韻》常被人斥爲“奇詭不經”之書，“荅”字下却兼收了“畣”“畣”兩個字形，與其他字書編纂者相比，夏竦的處理是難能可貴的，因此夏竦的《古文四聲韻》的確有全面整理和重新認識的必要。

再看《玉篇》《類篇》所謂“會”字古文“畣”的來源。“”本是“合”的分化字，但是在“畣”字産生之初的一段時間，仍然存在文字職能分工不明確的情況。具體表現在“畣”既可釋爲“合”，亦可釋爲“答”。釋作“合”者如今本《老子》“合抱之木，起于壘土”，“合”字郭店楚簡《老子》作“”。釋作“答”者如上引《曹沫之陳》中的幾個“”字。另外，它還可假借作“會”，如九里墩鼓座銘文“余以會同生九禮”之“會”字作“”。這種混用的情況至漢代文字材料中仍有保留，如漢《孔宙碑》“會遭篤病”，“會”字作“”，乃借“畣”爲“會”。故《玉篇》和《類篇》注爲“會”字古文的“畣”實乃“合”字，編者因不明其來源和用法，誤將其置於“會”字條下。另外，不明兩者的關係亦可導致誤讀文獻的後果，如漢樊毅《修華岳碑》“嘉瑞乃”，顧藹吉《隸辨》釋“㑹”爲“會”，現在看來，這種説法不够恰當。今按：此處“㑹”與孔宙碑“會”字同形，皆源於楚簡之“倉”，然二者用法迴異，《孔宙碑》之“㑹”爲借字，而此處的“㑹”當如字讀，作“嘉瑞乃合”，“合瑞”乃“對驗瑞玉”之意。如《春秋・文公元年》：“天王使毛伯來錫公命”，杜預注：“諸侯即位，天子錫以命圭，合瑞爲信。”

二　䙴

“䙴”隸古定古文形體多變，我們依“䙳”旁構形的不同將其分爲三類。

1. 從“囟”或其變體

䙴 内野・皋陶謨	䙴 上八・多士	䙴 内野・胤征
䙴 足利・胤征	䙴 上八・胤征	䙴 上元・盤庚

2. 從“與”或其變體

䙴 足利・益稷	䙴 上影・湯誓	䙴 九條・湯誓
䙴 敦煌・胤征	䙴 敦煌・多士	䙴 上八・湯誓

3. 從“同”或其變體

䙴 上影・皋陶謨	䙴 上影・益稷	䙴 足利・皋陶謨
䙴 敦煌・盤庚	䙴 敦煌・盤庚	䙴 敦煌・盤庚
䙴 岩崎・盤庚	䙴 上元・盤庚	䙴 九條・胤征
䙴 上元・盤庚	䙴 内野・畢命	

《説文》："，升高也。从舁囟聲。，䙴或從卩。"因此，上舉第一類"䙴"字隸古定字形當是《説文》小篆的直接轉寫或形體的進一步訛變。第二類字形訛從"與"者，當是因"䙴""與"形體相近而發生訛變的結果。需要説明的是，這種形體訛變現象至遲在戰國楚簡中便已出現，郭店簡《五行》"于兄弟"、上博三《中弓》"夫民安舊而塚"等皆不從"䙴"而從"與"即是其例，隸古定《尚書》"䙴"字古文從"與"的字形應該是這種形體訛混現象在後代的遺留。第三類隸古定字形中間部件或有從"同"而作"興"者，就我們所掌握的古文字材料來看，尚未見到"興""䙴"訛混的例證，因此我們認爲訛變從"興"的隸古定字形應該發生在隸變之後的今文字階段。第三類"䙴"字的多個變體，應是在中古時期"興"字所產生的異體俗字的直接影響下所產生的。中古時期，"臼"旁常訛變作"旧"，如敦煌伯 2965"舅"字作，敦煌伯 3742"陷"字作等，古寫本《尚書》中的"臼"字亦存在此類部件的訛變字形，如内野本《太甲》"舊"字作，上影本《堯典》"滔"字作，足利本《禹貢》"鼠"字作等皆不從"臼"而從"旧"。大概是受到"臼"旁訛變作"旧"的影響，"䙴"字又或訛變作、等形。因"興"字又或俗寫作（隋《暴永墓誌》）、（唐《李鎬墓誌》）等形，故"䙴"字隸古定古文又或從"興"字俗體作""。

下面，再看"䙴"字所從之、、等各種部件變體的來源。"䙴"本多表升遷、搬遷之意，殆因其主體爲人，故疊加"人"旁作，因此隸古定古文所從的部件當由《説文》小篆直接轉寫而來。隸楷文字階段，表示跽跪的人形分化出多個變體，如"令"字或從"⺀"作（北魏《王翊墓誌》）、（隋《劉淵墓誌》）；或訛變爲"巾"作（漢《夏承碑》）、（唐《李侯墓誌》）；或草化爲兩點作（《急就章》）、（《索月儀》）。相應地，隸古定古文"䙴"字下方跽跪的"人"旁也出現了多個變體。

三　喪

《尚書》隸古定“喪”字古文形體豐富多變，依其構形或來源的不同，此字各類隸古定異體可以分爲以下6個序列：

1. 敦煌·舜典

2. 敦煌·説命　　九條·君奭

3. 敦煌·武成　　敦煌·君奭

4. 足利·伊訓　　内野·伊訓

5. 内野·多士　　内野·説命

6. 内野·泰誓　　上八·説命

下面再看各個異寫字形的來源，“喪”字作（旂作父戊鼎）、（毛公鼎）、（洹子孟姜壺），郭店簡作（《語叢一》98）。不難看出，隸古定“喪”第1類字形當源於上述出土古文字材料，而其他序列的隸古定字形則無不直接或間接地受到了《説文》小篆字形或者是許慎説解的影響。

《説文·亡部》：“，亡也，從哭從亡，亡亦聲。”故上述第2、3兩類隸古定古文字形當是《説文》小篆的直接隸定，殆轉寫方式不同，故形成兩個不同的序列。至於第4類“喪”字的隸古定字形，應是在許慎“從哭從亡”説解的影響下對第3類字形的構件進行局部調整的結果。

在隸楷階段的文字材料中，出於字形簡化的需要，部件“口”常被改寫作點或“人”旁。“口”改從“人”的字例如上八本《臯陶謨》“嚴”字作，唐《陶英妻墓誌》“哭”作等；“口”改爲點的字例如“嚴”字作（足利本《吕刑》）等。故隸古定“喪”字或從“人”旁作、等形；變口爲點作、等形。另外，隸楷文字階段亦間有兩“口”旁不盡改從“人”者，如“嚴”字唐《石浮圖銘》作，“哭”字敦煌斯2832作等，故“喪”隸古定古文偶有“口”旁不盡改者則作、等形。

至於“喪”字古文下邊的部件“亡”亦皆淵源有自，金文“亡”字作（天亡簋）、（毛公鼎），當是部件的來源；戰國楚簡作（包山171）、（《郭店·五行》14），是爲部件的來源。隸變發生後，由於筆形變化或筆畫交接方式的不同，“亡”出現了多個部件變體，一類作（馬王堆）、（縣泉簡）、（東牌樓）、（曹全碑），部件即與此同類；亦有筆畫發生草寫者作（尹灣6J128）、（東牌樓）、（敦煌），是爲部件的來源；類部件進一步省簡則爲（尹灣），隸古定部件即同於此；“亡”字最上邊的撇畫又常常變爲横畫作（敦煌）、（居延），是爲部件的來源，發生訛變類化爲部件。

四　誓

“誓”字楚簡作（上博·緇衣14）、（清華·楚居），兩者皆借“折”爲“誓”，其中上博簡中的“誓”爲《緇衣》所引《尚書》文字，古寫本《尚書》中的“誓”字同樣大多假借“折”字表示。《尚書》篆體古文作（《汗簡》7）、（《汗簡》76），或作（《四聲韻》4·15）、（《四聲韻》4·15），均從言折聲。上述古文左上部的“屮”訛變爲“山”，左下的“屮”訛變爲“止”，則爲寫本《尚書》“誓”作（敦煌·泰誓）、（敦煌·牧誓）的來源。“折”字隸古定古文或作（敦煌·秦誓）、（敦煌·甘誓），當是戰國古文字的直接隸定，左側部件的筆畫交接方式發生變化作（九條·湯誓），左下側的部件類化爲“王”作（敦煌·甘誓）。又或省簡左側中間的部件作（上八·泰誓）、（上八·甘誓）、（足利·湯誓），因隸楷階段止、山常常相混，故“折”字又或作（九條·湯誓）。

五　冬

“冬”字楚簡引《尚書》作（郭店·緇衣10）、（上博·緇衣

6），篆體古文作（《四聲韻》1・12）、（《汗簡》82），寫本隸古定與篆體古文一脈相承作（敦煌・説命）、（敦煌・舜典）、（敦煌・禹貢），抑或與出土古文字結構相同作（敦煌・堯典）、（内野・洪範），因部件日和月常通用，故“冬”字又作（内野・君牙）。寫本《尚書》更爲常見的是古文字部件糅合的字形，故從“日”的“冬”字又或加表結冰義的兩點作（上八・仲虺之誥）、（上八・太甲），此類字形中部件“日”已發生訛變，偏旁“白”又或訛變爲“自”作（内野・太甲）、（内野・舜典）；字形下部的偏旁又或訛變爲“冬”作（上八・禹貢）、（足利・召誥），繼而訛變爲“各”作（上影・伊訓）、（足利・伊訓）。表結冰意的兩點或訛變爲三點作（内野・舜典）、（敦煌・蔡仲之命），受隸楷筆法的影響或作（敦煌・舜典）、（足利・舜典）、（上影・舜典），或草寫作（敦煌・多方）、（上八・伊訓），最下端的偏旁訛與“分”字混同。

本節選取古寫本《尚書》中的部分典型字例，對其源流作了詳細疏證。通過我們對其演變過程的梳理不難看出，相對於字書中保存的隸古定古文字形而言，由於寫本隸古定較少受到人爲整理和規範的影響，因此這類古文字形異體更加豐富，變化更多，其特殊的存在形式决定了寫本隸古定古文字形在流傳過程中無不受到古文字構形和隸楷文字形體演變的雙重影響，因此寫本《尚書》隸古定字形的變化大多是不同性質的構件相互雜糅的結果。

寫本隸古定字形雖然訛别多變，然而對於絶大多數的隸古定字形而言，其來源可以追溯，演變過程清晰可見，因此，我們可以借助出土古文字材料推求其字形的來源，借助不同時期的隸楷文字材料，疏證各種新出字形。

就其研究價值而言，對寫本隸古定字形的疏證，可以彌補以往隸古定研究的不足，填補某些隸古定字在演變過程中所缺少的環節，搞清楚隸古定字形由此及彼的變化過程。同時，對寫本隸古定字形的疏證可爲字典辭書辨析形近字提供有價值的參考，從更大範圍來説，這樣的研究亦是漢字史研究不可或缺的内容。

第三章　寫本異文與隸楷異體字

作爲最重要的儒家經典之一，又因經過多次系統整理，寫本《尚書》字形相對規範，但這類文獻畢竟出自手寫，因此各類簡體字和異體字的存在自然不可避免，本章擬從省簡、增繁、變異、混同等不同的角度對寫本《尚書》之隸楷異體字異文進行詳細討論。

第一節　異文中的省簡字形

簡化是漢字發展的總體趨勢，漢字自産生之日起便在字形簡化的道路上不斷向前發展。寫本異文中的簡俗字大量存在，現在使用的簡化字，不少字形可以在寫本《尚書》中找到其最初的來源，説明這類字形的存在具有相當的合理性，但亦有部分省簡字形僅僅在某一歷史時期内使用，但無論是傳承還是廢棄，必有其内在的特定原因，下面分類討論。

一　省簡密集的筆畫或非主要的部件

一般情況下，筆畫的省簡並不會直接導致字形結構的變化，因此爲了追求書寫的速度，某些筆畫繁複的字形由於不便書寫，往往會省簡某些筆畫而改寫爲相對較爲簡單的字形。

淺	足利・禹貢　上影・禹貢	願	敦煌・大禹謨　内野・大禹謨
議	足利・周官　上影・周官	漢	上影・禹貢　足利・禹貢

續表

儀	足利・益稷　足利・酒誥	難	上八・皋陶謨　足利・舜典
德	上影・伊訓　内野・舜典	繩	内野・冏命　上影・冏命
聽	敦煌・高宗彤日　内野・益稷	顧	足利・召誥　内野・召誥
號	足利・大禹謨　敦煌・大禹謨	興	足利・冏命　足利・大禹謨
榮	足利・秦誓　上影・秦誓	營	足利・太甲　上影・太甲
肅	内野・洪範　上影・泰誓	學	上影・説命　足利・周官

如果某些字形本身包含的部件過多，筆畫繁複，或者是有兩個或兩個以上相同或相近的部件，那麼重複的部件或者對表音表意並非不可或缺的部件常常會被省略。如：

字頭	對照字形	省簡字形	字頭	對照字形	省簡字形
嚮	足利・洪範	岩崎・盤庚	罔	上八・康誥	敦煌・説命
復	敦煌・説命	上影・舜典	貌	足利・洪範	上八・洪範
腹	上影・盤庚	上影・盤庚	樂	上影・大禹謨	上影・無逸
夏	足利・舜典	上影・禹貢	漆	上八・禹貢	九條・禹貢
憂	内野・皋陶謨	上影・皋陶謨	還	内野・周官	足利・周官
舊	内野・盤庚	上八・仲虺之誥	舊	敦煌・胤征	上八・仲虺之誥

續表

字頭	對照字形	省簡字形	字頭	對照字形	省簡字形
讒	岩崎・盤庚	上影・舜典	應	内野・益稷	上影・康王之誥
義	九條・胤征	足利・太甲	罔	敦煌・胤征	敦煌・胤征
巖	岩崎・説命	足利・立政	赦	内野・胤征	九條・胤征

二　符號替代

符號替代即是用簡單的符號替代複雜的偏旁或部件，以達到簡化字形的目的。符號替代在古文字時期便是字形省簡的常見方式，這種字形省簡方式在隸楷階段仍有使用。替代的方式主要包括點畫替代、竪畫替代、“亚”符替代等。

1. 點畫替代

由於點畫靈活簡易並且方便安排結構布局，因此在漢字發展的各個歷史時期，點畫是最爲常見的替代性符號，在寫本《尚書》文字中，點畫替代同樣十分常見。如：

字頭	對照字形	省簡字形	字頭	對照字形	省簡字形
嚴	内野・立政	足利・吕刑	爾	上八・胤征	上八・湯誓
獸	敦煌・武成	上影・堯典	幽	内野・舜典	上八・舜典
渭	上八・禹貢	足利・禹貢	戰	内野・仲虺之誥	上影・仲虺之誥
遷	足利・盤庚	上影・益稷	讓	足利・舜典	上八・舜典
協	敦煌・大禹謨	上八・堯典	舉	上影・益稷	上八・益稷

續表

字頭	對照字形	省簡字形	字頭	對照字形	省簡字形
數	内野・洪範	足利・大禹謨	蠲	内野・酒誥	足利・吕刑
羹	敦煌・説命	上影・説命	簫	上八・益稷	内野・益稷
學	敦煌・説命	足利・説命	参	岩崎・西伯戡黎	上八・西伯戡黎
樂	上影・大禹謨	上八・大禹謨	壤	敦煌・禹貢	上影・禹貢
謂	足利・仲虺之誥	内野・伊訓	姦	内野・堯典	上八・堯典
單	内野・湯誥	上影・洛誥	攘	足利・康誥	上影・康誥
權	内野・吕刑	岩崎・吕刑			

上表所列均是因點畫替代組字部件而省簡字形的字例，其中“爾”“幽”“簫”三字所從的部件“米”則是字形簡化後被形近部件同化的結果。如“爾”字本作（上八・胤征），部件被點代替作（上八・湯誓），字形中間的筆畫群被“米”同化作（内野・大禹謨）。同樣，“幽”“簫”二字經歷了大致相同的字形演變過程。

在某些字例中，作爲替代符號的點又因草寫而連接成爲類似“鈎乙”的符號，如：

字頭	對照字形	省簡字形
謨	上影・胤征　内野・皋陶謨	上八・胤征　上影・胤征
謂	内野・洪範　内野・盤庚	上影・洪範　上影・伊訓

續表

字頭	對照字形	省簡字形
會	足利・禹貢　上影・禹貢	上影・泰誓　足利・洪範
顧	敦煌・多方　足利・召誥	上影・多方
順	内野・太甲　足利・泰誓	上影・君陳　上影・泰誓
風	上八・大禹謨　足利・伊訓	上影・大禹謨　足利・舜典
曾	敦煌・武成　内野・武成	上影・武成
顯	神田・泰誓　九條・酒誥	上影・泰誓　上影・多士
年	上八・泰誓　内野・泰誓	上影・洛誥　上影・周官
穆	上八・酒誥　内野・金縢	上影・酒誥　足利・吕刑

2. 竪畫替代

寫本《尚書》中保留了部分以雙竪畫代替組字部件的字例，如“歸”字本作（敦煌・舜典）、（敦煌・舜典），左側的偏旁被雙竪畫代替作（上八・蔡仲之命）、（足利・蔡仲之命）；“監”字本作（九條・君奭）、（敦煌・微子），部件“臣”被雙竪畫代替作（足利・太甲）、（上影・太甲）、（足利・微子）；“將”字本作（敦煌・五子之歌）、（内野・舜典），左側的部件被雙竪畫代替作（上影・舜典）、（足利・微子）；“師”字左側的部件被雙竪畫代替作（上影・大禹謨）、（上八・益稷）；“賢”字左上的部件被雙竪畫代替作（上影・大禹謨）、（上八・大禹謨）。

3. 以符號“亚”替代

寫本《尚書》中的“亚”並不是“亞”字的簡化字，而是作爲部件或某些筆畫群的替代符號出現。如“靈”字本作（敦煌・盤庚）、（岩崎・盤庚），下端的部件或被符號“亚”替代作（神田・泰誓）、（敦煌・多士）；“變”字本作（天理・舜典）、（敦煌・無逸），或從“亚”的省體作（上八・舜典）、（足利・君陳）；“顯”字本作（敦煌・洛誥）、（神田・泰誓）、（九條・召誥），或從“亚”作（足利・仲虺之誥）、（上影・仲虺之誥）；“麗”字本作（上八・多方）、（内野・多方），或從“亚”作（足利・多方）、（上影・多方）；“蠻”字本作（内野・舜典）、（足利・舜典），或從“亚”的省體作（上八・舜典）、（上影・旅獒）；“聖”字本作（内野・大禹謨）、（上八・大禹謨），或從“亚”作（足利・冏命）、（足利・君陳），或省簡部件“亚”下端的横畫作（上影・君陳）、（上影・多方）；“嚴”字本作（上影・吕刑）、（内野・吕刑），或從“亚”作（上八・顧命）、（上影・顧命）。

三　草寫簡化

人們在書寫時往往會將漢字的某些偏旁或部件用較爲簡單的草書符號代替，久而久之，人們即使是在書寫楷體字的時候，也通常會借用草書的符號，從而促成許多簡體字的流行，寫本《尚書》異文中亦不乏這類簡俗字的存在，請看下表所列例證：

字頭	對照字形	省簡字形	字頭	對照字形	省簡字形
閉	內野·大誥	足利·大誥	開	敦煌·多方	上影·多方
閏	內野·堯典	上八·堯典	盡	內野·金縢	足利·咸有一德
閱	敦煌·多方	上八·多方	單	內野·洛誥	上八·洛誥
輕	上影·大禹謨	上八·大禹謨	經	上影·大禹謨	上八·大禹謨
脛	足利·泰誓	敦煌·泰誓	定	上八·胤征	敦煌·盤庚
卒	敦煌·舜典	九條·蔡仲之命	將	內野·堯典	敦煌·盤庚

上列表格中“輕”“經”兩字所從的部件“ス”，“歷”字所從的部件“心”，“定”字所從的部件“之”，都是草書楷化的結果。“卒”字所從的部件“人”被點代替後筆畫相連，遂成爲草書楷化字。另外，在《尚書》寫本的異文中，還有個別異文字形仍然保留了草書寫法，如“聽”字本作（敦煌·高宗肜日）、（神田·泰誓）、（上八·康誥），或草寫作（足利·秦誓）、（上影·多士）、（足利·吕刑）。由此可見，書手抄寫時在規範嚴謹之餘亦具有率真活潑、自由揮灑的一面。

四　使用簡體

寫本《尚書》異文中還保留了許多使用簡體字形而非當時通行的所謂規範字的現象。這些簡體字字形簡便易寫，社會通行度和認知度高，因此，有許多字形依然被沿用至今。

字頭	對照字形	省簡字形	字頭	對照字形	省簡字形
寶	寶 内野・湯誓	宝 足利・旅獒	號	號 足利・冏命	号 上八・大禹謨
雖	雖 上影・秦誓	虽 上影・五子之歌	獨	獨 足利・泰誓	独 上影・仲虺之誥
啓	啓 上八・太甲	启 敦煌・禹貢	與	與 上八・舜典	与 上影・舜典
舊	舊 敦煌・胤征	旧 足利・仲虺之誥	聲	聲 足利・舜典	上影・舜典
靈	靈 敦煌・盤庚	灵 上八・泰誓	與	與 上八・舜典	与 上影・舜典
啓	啓 足利・説命	启 敦煌・禹貢	巖	巖 敦煌・説命	岩 足利・説命
來	來 内野・旅獒	来 足利・旅獒	國	國 上八・洪範	国 足利・無逸

第二節　異文中的增繁字形

增繁字形是漢字發展過程中出現的增加綫條（筆畫）和偏旁（部件）使字形變得更加繁複的現象。漢字作爲記録漢語的輔助工具，簡便實用是人們對它的基本要求，所以簡化是漢字發展的基本趨勢，但是爲了增加區别度、爲了突出表音表意或者是爲了文字的形體更加美觀等原因，字形增繁的現象在漢字發展過程中同樣存在，具體表現在某些漢字在其發展過程的某個階段會出現形體相對較爲繁複的字形。

一　增加筆畫

李運富先生指出，筆畫的增繁多半是出於書寫裝飾和美觀的目的，或起區别作用。[①] 寫本《尚書》中增加筆畫的字形亦大多爲了裝飾或者美

① 李運富：《漢字學新論》，北京師範大學出版社，2012，第129頁。

觀，請看下面的例證：

基於書寫裝飾和美觀的目的的字例，如“舜”字作舜（内野·舜典）、舜（足利·舜典）、舜（敦煌·舜典），“升”字作升（足利·舜典）、升（足利·湯誓）、升（上八·湯誓），“肇”字作肇（九條·酒誥）、肇（敦煌·舜典）、肇（足利·伊訓），“休”字作休（天理·太甲）、休（敦煌·泰誓）、休（敦煌·君奭），“肆”字作肆（足利·舜典）、肆（上八·大禹謨）、肆（上元·盤庚）等等。

寫本《尚書》中的“土”除了通用字形外，又常常加點以與“士”字相區別，如“土”字作土（上八·大禹謨）、土（敦煌·禹貢）、土（敦煌·禹貢）。另外，又有從“土”的字“社”作社（九條·湯誓），“堲”字作堲（敦煌·舜典）、堲（上八·舜典）等等。

另外，在寫本《尚書》文字中，還有部分因文字類化而增繁字形的現象，如：

字頭	參照字形	增繁字形
鼓	鼓 内野·胤征 鼓 足利·胤征	鼓 上影·益稷 鼓 九條·胤征
瞽	瞽 内野·舜典 瞽 上影·舜典	瞽 上影·胤征 瞽 敦煌·舜典
胤	胤 足利·胤征 胤 上影·高宗肜日	胤 上八·堯典 胤 八行·胤征
極	極 上八·洪範 極 内野·洪範	極 岩崎·禹貢 極 岩崎·盤庚
鰥	鰥 敦煌·堯典 鰥 内野·堯典	鰥 上影·堯典 鰥 上影·吕刑
旅	旅 内野·大禹謨 旅 上影·立政	旅 上影·牧誓 旅 足利·武成
凶	凶 上八·泰誓 凶 島田·洪範	凶 足利·泰誓 凶 上影·泰誓

續表

字頭	參照字形	增繁字形
矜	矜内野・大禹謨 矜内野・多士	矜敦煌・多士 矜上八・大禹謨
烝	烝内野・舜典 烝内野・舜典	烝上影・咸有一德 烝内野・武成

二　增加部件

簡化是漢字發展的總趨勢，因此在漢字發展的各個歷史時期，字形簡化的異寫字形均占絶對優勢。然而隨着漢字形聲化的發展以及因形表意的需要，字形繁化的現象同樣存在，寫本《尚書》中的如下字例均屬增加部件的字形繁化現象。

如“墻”字本作墻（足利・周官）、墻（足利・費誓），或字形增繁作墻（九條・五子之歌）；“升”字本作升（足利・舜典）、升（上八・舜典），或贅加形符作昇（内野・高宗肜日）、昇（足利・高宗肜日）；“巨”字本作巨（足利・説命），或贅加形符“山”作岠（岩崎・説命）；“豆”字本作豆（足利・武成），或贅加部件“木”作梪（敦煌・武成），皆屬增加表意形符的字例。

第三節　異文中的字形變異

爲了達到書寫過程簡便快捷的目的，人們在書寫過程中常常會對原有的筆畫進行不同程度的改造，這種改造最初表現爲筆畫長短伸縮、走嚮的變化、數量的增省，而筆形的變化常常會引起筆畫間交接方式的變化，以上各種變化相互影響進而最終引起部件的變異。

一　因筆形不同而導致變異

由於書寫者的書寫習慣不同，他們對部件構形理據的理解往往也不盡相同，其在轉寫原部件時對筆畫增省的處理、筆形的改造及組合方式的安排自然會有所不同，從而形成多種不同的變異部件。下面舉例説明寫本《尚書》中的字形變異現象：

1. 殳旁訛變作𠬛

"殳"《説文》小篆作"　"，隸變作（馬王堆·胎 024）、（馬王堆·談 060），今隸承古隸字形如"殿"字作（漢《白石神君碑》），"股"字作（漢《曹全碑》）、（漢《禮器碑》），寫本《尚書》異文"殳"或有承此類形體者作（上八·舜典）、（敦煌·舜典）。《干禄字書》："𠬛殳，上俗下正，諸從殳者並准此。"另外，寫本《尚書》"股"字作（上影·益稷）、（上影·益稷），"穀"字作（上八·舜典）、（岩崎·吕刑），均從偏旁"殳"的訛變字形。寫本《尚書》中的偏旁"殳"又形變類化作（上影·舜典），從"殳"的字如"毅"字作（上影·皋陶謨），"役"字作（島田·旅獒）、（上影·大誥），"盤"字作（上元·盤庚），"投"字作（内野·大誥）、（上影·大誥），"殷"字作（九條·酒誥）、（上八·酒誥）等皆其類。

2. 部件臼訛變作旧

《干禄字書》："旧臼，上俗下正，諸字從臼者准此。"由上述引文可知，不僅"臼"字俗寫作"旧"，且從"臼"之字亦往往如此。寫本《尚書》異文中從"臼"的字均有從"臼"和"旧"兩種寫法，且從"臼"的字例較少而從"旧"的字形占絶大多數。如"舊"字從"旧"作（内野·盤庚）、（内野·仲虺之誥）；"慆"字從"旧"作（足利·湯誥）、（上影·湯誥）；"餤"字從"旧"作（敦煌·洛誥）、繇（足利·洛誥）；“滔”字從“旧”作滔（上影·堯典）、滔（上八·堯典）；“蹈”字從“旧”作蹈（上影·君牙）、蹈（足利·君牙）皆其例。另，寫本《尚書》“奮”字異文常常從“旧”作奮（内野·舜典），或類化作奮（上影·舜典），這類因部件“臼”的影響而發生的部件演變現象在中古時期並非個案，梁春勝先生曾有詳細的論述，可參看。①

3. 部件彡訛變作久或夂

《説文》：“彡，毛飾畫文也。象形。”寫本《尚書》“彰”字作彰（上影·益稷）、彰（内野·臯陶謨）、彰（上八·臯陶謨），“彤”字作彤（上八·足利），“彫”字作彫（上八·顧命），“功”字作功（内野·益稷）、功（内野·益稷），上述字例均從“彡”。大概由於撇畫居右時不便向左伸展，故部件“彡”最後一筆形變捺爲“夂”。如“彰”字作彰（足利·臯陶謨）、彰（足利·益稷），“彦”字作彦（足利·太甲）、彦（天理·太甲），“彭”字作彭（岩崎·禹貢）、彭（神田·牧誓），“彤”字作彤（内野·顧命）、彤（九條·文侯之命），“肜”字作肜（岩崎·高宗肜日）、肜（上元·高宗肜日），“功”字作功（足利·益稷）、功（足利·益稷），“彫”字作彫（觀智院·顧命）、彫（上影·顧命）等等。部件“夂”或筆畫相連作“久”，如“彰”字作彰（上影·臯陶謨）、彰（上影·畢命），“彦”字作彦（足利·太甲）、彦（上影·立政），“彭”字作彭（上影·禹貢）、彭（足利·禹貢），“彤”字作彤（足利·顧命）、彤（上影·顧命），“功”字作功（上影·堯典）、功（上八·益稷）等等。

① 梁春勝：《楷書部件演變研究》，綫裝書局，2013，第183頁。

4. 部件⺮變爲艹

部件"⺮"《説文》小篆作"竹"，部件"艹"《説文》小篆作"艸"，隸變過程中，兩個部件屈曲的綫條拉直爲横畫，"⺮"和"艹"遂發生了混同。寫本《尚書》文字中，部件"⺮"亦常常形變爲"艹"，如"箴"本從"⺮"作箴（内野・盤庚），或從"艹"作葴（上元・盤庚）、葴（上元・盤庚）；"篤"本從"⺮"作篤（足利・洛誥）、篤（上影・君奭），或從"艹"作⿱艹馬（敦煌・洛誥）、⿱艹馬（敦煌・君奭）；"筐"本從"⺮"作筐（敦煌・君奭），或從"艹"作⿱艹匡（島田・洪範）、⿱艹匡（島田・洪範）；"箘"本從"⺮"作箘（上影・禹貢）、箘（上八・禹貢），或從"艹"作菌（岩崎・禹貢）；"篇"本從"⺮"作篇（内野・盤庚），或從"艹"作萹（足利・太甲）、萹（足利・盤庚）；"節"本從"⺮"作節（上影・康誥）、節（足利・康誥），或從"艹"作莭（足利・康誥注文）、莭（上影・康誥注文）。需要指出的是，寫本《尚書》文字中，部件"⺮"形變爲"艹"的現象比較常見，但是没有發現"艹"形變爲"⺮"的字例，兩漢文字中部件"⺮""艹"的混同有較爲一致的表現。

5. 部件虍訛變爲雨

寫本《尚書》"呼"字異文"虖"作虖（敦煌・胤征）、虖（敦煌・武成），"虐"字異文作虐（内野・湯誥）、虐（上八・舜典），上述四字所從部件"虍"爲寫本《尚書》異文中部件"虍"的常見寫法。在各類變異字形中，表示虎足的竪折常常變爲竪和横畫的組合，如"虖"字作虖（内野・立政）、虖（内野・金縢），"慮"字作慮（敦煌・説命）、慮（岩崎・説命）等等。表示虎足的短横或變爲長横，如"虖"字作虖（上八・説命）、虖（足利・武成），"虐"字作虐（敦煌・盤庚）、虐（内野・泰誓）等等；左側的長撇變短，從而形成左右對稱的字形，如“虖”字作（九條・蔡仲之命）、（敦煌・君奭），或作（九條・召誥）、（敦煌・立政），“盧”字作（九條・立政）；短横變爲點，從而部件“虍”變異爲“雨”，如寫本《尚書》“虖”字又或訛從“雨”作（神田・盤庚）、（島田・洪範）、（敦煌・蔡仲之命）等等。

二　因形近字形的影響而導致變異

唐蘭指出：“由同而異，由異而同，文字演化的歷史，永遠是反復其道的。”① 文字是寫出來的，衹要書寫活動存在，變異便會持續不斷地發生，各類寫本中的大量變異字形便由此產生，而變異的方嚮則是文字系統中已經存在的形近字形或高頻字形。

1. 部件禾形變爲示

部件“禾”與“示”在先秦古文字階段並不相同，二者相混最早發生在秦漢時期，在隸變過程中它們的字形都發生了很大程度的變異，禾、示的許多形體開始變得非常接近，部分字形中的“禾”與“示”發生了混同。如“祉”本從“示”，形體發生訛變作（張遷碑），變得已與“秖”極爲接近；“祚”字訛變從“禾”作（張遷碑）。同時亦有本應從“禾”而從“示”的字形，如“稾”字訛從“示”作（馬王堆・春秋 065），“稷”字訛從“示”作（馬王堆・周 69），“穎”字訛從“示”作（肩水 T09：081）。這類字形混同現象在寫本《尚書》中同樣存在，如“稷”字本從“禾”作（上影・舜典）、（足利・舜典），或從“示”作（岩崎・盤庚）、（上元・盤庚）；“秩”字本從“禾”作（足利・舜典）、（内野・皋陶謨），或從“示”

① 唐蘭：《中國文字學》，上海古籍出版社，2001，第 117 頁。

作祑（上八・洛誥）、祑（敦煌・洛誥）、祑（敦煌・舜典）；“黎”字本從“禾”作黎（上影・舜典）、黎（古梓堂・秦誓）、黎（上影・泰誓），或從“示”作黎（上影・益稷）、黎（足利・臯陶謨）；“蘇”字本從“禾”作蘇（足利・立政）、蘇（足利・仲虺之誥），或從“示”作蘇（九條・立政）。又，“稟”字或從“示”作稟（上影・説命）、稟（上八・説命），“穎”字或從“示”作穎（上影・微子之命）、穎（上八・微子之命），均是本從“禾”而訛變從“示”的字例。

需要特别説明的是，禾、示相混在隸楷文字資料中本是非常常見的現象，但寫本《尚書》中没有發現“示”旁訛變爲“禾”的字例。

2. 𠂢、氺、𧘇形變爲衣

“旅”字所從的部件“𠂢”筆畫交接方式發生變化作“𧘇”，最早可追溯到古隸時期，魏晉以後的碑刻及敦煌寫卷中多見“旅”從“衣”作“旅”的字例。寫本《尚書》有“旅”字從“𧘇”或其變體的字形，如“旅”字作旅（内野・大禹謨）、旅（上影・立政），或訛從“衣”作旅（足利・大禹謨）、旅（足利・武成）、旅（上影・多方）。

“鰥”本從魚眔聲，部件“氺”或類化爲“水”作鰥（敦煌・堯典）、鰥（上八・堯典），“氺”類化爲“𧘇”作鰥（敦煌・無逸）、鰥（内野・吕刑），又類化爲“衣”旁作鰥（上影・吕刑）、鰥（上影・堯典）。

“褱”字本從衣眔聲，寫本《尚書》中此類字形多見，如“褱”作褱（敦煌・舜典）、褱（内野・説命）、褱（敦煌・武成）等，部件“𧘇”或類化爲“衣”作褱（敦煌・五子之歌）、褱（上元・盤庚）、

（岩崎·盤庚）。同樣，從“褱”的“懷”字或作（足利·堯典）、（敦煌·堯典），部件“𧘇”類化爲“衣”作（上影·堯典）、（足利·益稷）、（上影·盤庚）；“壞”字或作（上八·大禹謨）、（上八·康王之誥），部件“𧘇”類化爲“衣”作（足利·大禹謨）、（上影·大禹謨）。

3. 匕形變爲止

部件“匕”形變爲“止”最早可追溯到漢代，如“老”字漢簡從“匕”作（肩水 73EJT8：64）、（肩水 73EJT9：92A），部件“匕”或訛變爲“止”，如“老”字從“止”作（肩水 73EJT24：121）、（居延 349.9）。在書寫風格相對規範的隸書簡中，部件進一步形變爲，故“老”字又作（居延 5·1）、（居延 123.63）。寫本《尚書》異文中多見部件“匕”形變爲“止”的字例，如“疑”字從“匕”作（敦煌·大禹謨）、（岩崎·吕刑），或從“止”作（九條·湯誓）、（上影·大禹謨）、（上八·大禹謨）；“肄”字從“匕”作（内野·顧命），或從“止”作（内野·顧命）、（足利·顧命）、（上影·顧命）；“曷”字從“匕”作（九條·五子之歌）、（内野·五子之歌），或從“止”作（敦煌·五子之歌）；“葛”字從“匕”作（上八·仲虺之誥）、（上影·仲虺之誥），或從“止”作（内野·仲虺之誥）。

最後需要特別説明的是，寫本《尚書》中“穎”字均不從“匕”而從“止”，如“穎”字作（内野·微子之命）、（足利·微子之命）、（上影·微子之命）、（上八·微子之命）皆其例。

4. 止形變爲山

清顧藹吉在《隸辨》卷六指出，“（止）亦作山，與從山之字混用無別"。[1]寫本《尚書》從"止"的字亦多形變從"山"，如"步"字本從"止"作步（内野・武成）、步（足利・武成）、步（上影・武成）、步（上八・武成）；"止"或形變爲"山"作岁（敦煌・武成）、岁（神田・武成）。同樣，"陟"字本從"止"作陟（内野・舜典）、陟（足利・舜典）、陟（上影・舜典）、陟（上八・舜典），或從"山"作⿰阝岁（敦煌・舜典）、⿰阝岁（敦煌・君奭）；"涉"字本從"止"作涉（上元・盤庚）、涉（敦煌・微子），或從"山"作⿰氵岁（敦煌・泰誓）、⿰氵岁（敦煌・盤庚）。

其他"止"旁形變爲"山"的字例，如"距"字本從"止"作歫（上影・益稷）、歫（敦煌・禹貢），訛從"山"作岠（九條・禹貢）；"動"字從"止"作歱（敦煌・盤庚）、歱（敦煌・説命），從"山"作⿰山重（敦煌・大禹謨）、⿰山重（敦煌・盤庚）、⿰山重（敦煌・武成）；"歸"字從"止"作⿰止帚（敦煌・五子之歌）、⿰止帚（敦煌・武成），或從"山"作⿰山帚（内野・太甲）、⿰山帚（神田・武成）。

5. 罔字形變作㝁

寫本《尚書》"罔"字本從网亡聲作罔（足利・説命）、罔（敦煌・胤征），或省形作⿵冂口（敦煌・胤征），因部件"亡""止"形近常常混用，故"罔"或從"止"作⿵冂止（上影・益稷）、⿵冂止（上影・説命）、⿵冂止（上影・金縢），"罔"或徑省聲符作网（敦煌・説命）、网（敦煌・無逸）、网（天理・太甲）。

在隸楷階段的文字材料中，部件冂常常被類化爲高頻部件宀，故"罔"字又或從"宀"作㝁（敦煌・説命）、㝁（敦煌・大禹謨），或從

---

① （清）顧藹吉：《隸辨》，中華書局，1986，第201頁。

“亡”的變體作（敦煌・盤庚）、（九條・胤征）、（足利・大禹謨）、（足利・湯誓），亦有省簡筆畫訛從“匕”者作（内野・大禹謨）、（足利・大禹謨），或作（上八・周官）、（上八・大禹謨），部件“亡”訛變爲“上”。

6. 弓形變爲方

部件“弓”書寫變異而作“方”在其他文字資料中比較少見，而在寫本《尚書》中却並非個案。如“引”字本作（内野・大禹謨）、（足利・大禹謨）、（足利・康誥）、（上影・康誥），或訛變從“方”作（上影・大禹謨）、（上八・康誥）；“疆”字本作（内野・洪範）、（足利・洪範），或訛變從“方”作（上八・洪範）；“張”字本從“弓”作（内野・康王之誥）、（足利・康王之誥），或訛變從“方”作（觀知院・康王之誥）。其他本從“弓”而訛變從“方”的字例，如“發”字本從“弓”作（敦煌・微子）、（上八・泰誓）、（敦煌・武成），或從“方”作（上影・冏命）、（上影・牧誓）、（上影・盤庚）；“廢”字本從“弓”作（内野・胤征）、（敦煌・盤庚）、（岩崎・盤庚），或訛從“方”作（上影・盤庚）、（足利・盤庚）、（内野・多士）。“弓”訛變作“方”當與字形的草寫與楷化有關，“弓”字草寫後與“方”字形近，草書楷化則作“方”。

7. 廴形變爲辶

寫本《尚書》文字中，本從“廴”的字往往訛變爲“辶”，如《盤庚》：“永建乃家。”“建”字内野本作，上影本作，本從“廴”；敦煌本作，岩崎本作，上元本作，訛變從“辶”。其他同類字例如“庭”字從“廴”作（内野・多士）、（足利・多士）、庭（上影・多士）；或從“辶”作庭（上八・盤庚）、庭（敦煌・盤庚）、庭（敦煌・多士）。“延”字從“廴”作延（足利・大誥）、延（上影・君奭），或從“辶”作延（九條・召誥）、延（敦煌・君奭）。“誕”字從“廴”作誕（内野・湯誥）、誕（上影・君奭）、誕（足利・泰誓），或從“辶”作誕（敦煌・大禹謨）、誕（敦煌・泰誓）、誕（神田・泰誓）。

8.“攵”訛變爲又、殳

寫本《尚書》中的部件“攵”有多個變體，其中“又”便是出現頻率較高的變體之一。如“變”字本從“攵”作變（天理・舜典）、變（敦煌・無逸），或省變爲“又”作变（足利・君陳）、变（足利・無逸）。寫本中其他部件從“又”的字如“收”字本作收（上影・顧命）、收（内野・顧命），或從“又”作収（敦煌・君奭）、収（上影・君奭）、収（上八・君奭）皆其例。

在另外一批字例中，部件“攵”訛變作“殳”，如“寇”字本從“攴”作寇（足利・吕刑）、寇（内野・康誥）、寇（上八・立政），或形變從“殳”作𡨥（上八・洪範）、𡨥（敦煌・立政）、𡨥（觀知院・周官）。另外，寫本中其他本從“攵”而訛變從“殳”的字例如“斂”字作斂（敦煌・微子），“敵”字作敵（敦煌・武成）、敵（敦煌・君奭）、敵（九條・君奭）等等。

部件“攵”或形變作“欠”，如“斂”字作歛（上影・微子）、歛（内野・洪範）、歛（足利・洪範），“敵”字作𣢒（内野・君奭）、𣢒（敦煌・微子）、𣢒（上八・泰誓）皆其例。

第四節　異文中的字形混同

因形體變化而變得與其他部件完全同形稱爲部件的混同，混同在某些專著中被稱爲同化，近年來學術界對這類部件變化現象給予了較多的關注，黃文傑《秦至漢初簡帛文字研究》、毛遠明《漢魏六朝碑刻異體字研究》、梁春勝《楷書部件演變研究》均結合具體例證對研究範圍内的部件混同現象作了深入研究。[①]尤其是毛遠明先生對强勢部件的産生及部件同化的規律作了詳細的討論。梁春勝亦曾對來源於隸書的部件同化作過專門討論。[②]寫本《尚書》的字形混同或源於隸變，或者是産生於楷書階段。

一　因書寫變異而混同

在漢字簡易律的影響下，行草書的快速書寫方式常常會使楷書字形中一些異源、異形的部件或字形趨同，從而導致字形的混同。如：

1. 工、匕混同

部件“工”或俗寫作“匕”，這種寫法在漢隸中便已出現，如漢簡“左”字本作（武醫 26）、（肩水 73EJT24：328），部件“工”的筆畫草寫相連作（北大・周馴 169）、（肩水 73EJT21：51），或作（尹灣 6D7 正）、（肩水 73EJT22：99）。寫本《尚書》“左”字異文作（上八・益稷）、（足利・甘誓），當是承上述字形楷化以後又發生混同的結果。另外，“差”字或從“匕”作（内野・吕刑）、（上影・吕刑）、（上八・吕刑），“嗟”字或從“匕”作

① 黃文傑：《秦至漢初簡帛文字研究》，商務印書館，2008，第 108 頁。毛遠明：《漢魏六朝碑刻異體字研究》，商務印書館，2012，第 327 頁。梁春勝：《楷書部件演變研究》，綫裝書局，2013，第 273 頁。

② 梁春勝：《楷書部件演變究》，綫裝書局，2013，第 193 頁。

（九條・甘誓）、（足利・甘誓），所從部件“工”均訛變作“匕”。

同時，寫本《尚書》中亦有本作“匕”而俗寫作“工”的字例，如“怩”字本作（内野・五子之歌），或從“工”作（上八・五子之歌）、（敦煌・五子之歌）；“昵”字本作（上八・高宗肜日）、（足利・説命），或訛從“工”作（上影・高宗肜日）、（上八・説命）、（岩崎・説命）。因部件“工”俗書常常省作“二”[1]，故“昵”字又作（上影・泰誓）、（敦煌・説命），“怩”字又作（上影・五子之歌）。

2. 灬、一混同

部件“灬”筆畫相連作“一”始於漢代草書，如今隸時期的漢簡文字中，“魚”字作（肩水 73EJT10：363）、“無”作（東牌樓 12）、“馬”字作（居延 515.20）等等。寫本《尚書》文字中亦存在不少部件“灬”筆畫相連而作“一”的字例。如“鰥”字從“灬”作（敦煌・堯典）、（上影・大誥），筆畫相連或從“一”作（上八・堯典）、（上影・堯典）；“亦”字本作（内野・畢命）、（内野・君牙），筆畫相連作（岩崎・盤庚）、（岩崎・盤庚）；“兼”字本作（内野・仲虺之誥）、（敦煌・立政），筆畫相連作（九條・立政）。另外，“羆”字作（敦煌・舜典）、（九條・禹貢），“焉”字作（上八・牧誓）、（内野・金縢），“馬”字作（足利・費誓）、（上八・費誓）等，皆屬筆畫相連的字例。

另外，寫本《尚書》異文中亦見部件“一”寫作“灬”的字例，如“極”字本從“一”作（岩崎・禹貢）、（内野・洪範），或從

① 梁春勝：《楷書部件演變究》，綫裝書局，2013，第 357 頁。

“灬”作（上八·洪範）、（上八·洪範）；“殛”字本從“一”作（内野·舜典）、（足利·舜典），或從“灬”作（上八·舜典）；“丞”字本從“一”作（敦煌·舜典）、（九條·立政），或從“灬”作（内野·舜典）；“丕”字本從“一”作（岩崎·盤庚）、（内野·康誥），或從“灬”作（上元·盤庚）、（上八·金縢）；“或”本從“一”作（上影·君陳），又或從“灬”作（觀智院·君陳）；“亹”字本從“一”作（内野·泰誓），又或從“灬”作（上八·泰誓）。

3. 子、歹混同

寫本《尚書》中部件“子”往往訛變爲“歹”。《洛誥》：“乃惟孺子頒，朕不暇聽。”“孺”字敦煌本作，内野本作，均從“子”；足利本作，上影本作，上八本作，部件“子”訛變爲“歹”。“孫”字本從“子”作（敦煌·立政）、（内野·立政），或訛變從“歹”作（上影·五子之歌）、（上八·立政）；“遜”本從“子”作（内野·康誥）、（上影·康誥），或訛變從“歹”作（上八·康誥）、（上八·康誥）。

同時，寫本《尚書》中還存在個别部件“歹”訛變爲“子”的字例，如“殄”字本從“歹”作（敦煌·武成）、（九條·召誥）、（上八·召誥），或訛從“子”作（神田·武成）、（上影·召誥）。

另外，寫本《尚書》中還有部分其他形近部件訛變作“歹”的字例，如“卯”字作（觀智院·顧命）、（上八·顧命），“卿”字作（足利·甘誓）、（上影·甘誓），“嚮”字作（足利·洪範）、（上八·顧命），“桀”字作（敦煌·立政）、（上八·泰誓）

等等。

4. 止、心混同

止、心混同在中古時期的各類文字材料中是比較常見的現象，如“恥”字本從“心”作（敦煌・說命）、（上影・說命），省略部件“心”左側的點作（敦煌・說命）、（上八・說命），又或變形音化從“止”作（内野・說命）、（足利・說命）。由於部件“止”常常訛變從“山”，所以“恥”字或從“山”作（岩崎・說命）。

同時，寫本《尚書》異文“止”字或作（敦煌・牧誓），與部件“心”形近。如“歷”字本從“止”作（上影・舜典）、（敦煌・大禹謨）、（敦煌・盤庚），形變與“心”相近作（敦煌・君奭）、（九條・召誥）、（敦煌・無逸），訛從心旁作（岩崎・盤庚）。

二　形近混同

某些字形本已十分接近，區別特徵不够明顯，書寫者不明其細微區別，書寫過程往往會出現字形彼此混用的現象。

1. 啇、商混同

《干禄字書》：“啇商，上俗下正。”《六書正訛・入聲・錫韻》：“啇，爲宫商之商，字訛。”可知，中古時期或以“啇”爲“商”之俗體，檢寫本《尚書》，以“啇”爲“商”的用例在各種寫本均有發現，如“商”字本作（九條・立政）、（足利・立政），或俗寫作（敦煌・立政）、（内野・立政）、（上影・立政）。相反，“敵”字本從“啇”作（内野・君奭）、（足利・君奭）、（足利・微子），或俗寫從“商”作（敦煌・君奭）、（九條・君奭）、（敦煌・微子）、（岩崎・微子）。“適”字本從“啇”作（足利・盤庚）、適（上影・盤庚）、適（足利・吕刑）、適（内野・吕刑），或從“商”作適（敦煌・盤庚）、適（岩崎・盤庚）、適（岩崎・吕刑）、適（上八・吕刑）。

2. 氺或水與⺗混同

寫本《尚書》文字中，從“氺”的字常常訛變從“⺗”，如《君奭》：“有若泰顛。”“泰”字敦煌本作泰，内野本作泰，均從“氺”；足利本作泰，上八本作泰，訛變從“⺗”。其他字例如“黍”字訛從“⺗”作黍（上影・酒誥）、黍（足利・君陳）、黍（内野・盤庚）；“黎”字本從“氺”作黎（上八・舜典），或從“⺗”作黎（上影・舜典）、黎（九條・五子之歌）；“漆”字本從“氺”作漆（内野・禹貢）、漆（上八・禹貢），訛從“⺗”作漆（内野・禹貢）、漆（上影・禹貢）。

另外寫本《尚書》中的類“氺”旁亦常常訛變從“⺗”，如“康”字本作康（敦煌・無逸）、康（内野・無逸），或訛從“⺗”作康（足利・西伯戡黎）、康（上影・西伯戡黎）。“暴”字本從“氺”作暴（上八・武成），或訛從“⺗”作暴（上影・湯誥）、暴（神田・武成）。

同時，寫本《尚書》文字中，本來從“⺗”的字常常訛變從“水”。如“忝”字本從“⺗”作忝（足利・堯典）、忝（内野・堯典），或訛從“水”作忝（上影・堯典）、忝（上元・太甲）、忝（上影・太甲）。“恭”字本從“⺗”作恭（内野・堯典》）、恭（足利・堯典），或訛從“水”作恭（上影・堯典）、恭（上八・堯典）。

另外，部件“⺗”或“氺”在寫本《尚書》中常常省簡作“小”，部件“氺”省作“小”的字例如“黍”字作黍（上元・盤庚）、黍（九條・酒誥），“黎”字作黎（上影・西伯戡黎）、黎（敦煌・洛誥），

“漆”字作（敦煌・禹貢）、（上影・禹貢），“暴”字作（敦煌・立政）、（敦煌・牧誓）等等。部件“⺗”省簡作“小”的字例如“忝”字作（敦煌・堯典），“恭”字作（敦煌・君奭）、（上影・盤庚）等等。

3. 辶、匚混同

寫本《尚書》中的部件“匚”常常形變作“辶”，如“匡”字本從“匚”作（上影・太甲）、（敦煌・説命），或從“辶”作（上影・盤庚）、（天理・太甲）；“匹”字本從“匚”作（内野・咸有一德）、（足利・咸有一德）；或從“辶”作（天理・咸有一德）、（九條・文侯之命）；“匪”字本從“匚”作（内野・咸有一德）、（上八・咸有一德），或從“辶”作（天理・咸有一德）、（上元・説命）；“匯”字本從“匚”作（足利・禹貢）、（上八・禹貢），或從“辶”作（敦煌・禹貢）、（九條・禹貢）。相反，亦有本從“辶”而訛變爲“匚”的字例，如《太甲》中“悦”字異文從“辶”作（足利・太甲）、（上八・太甲），本從“辶”旁，或訛從“匚”作（内野・太甲）。

本章我們對《尚書》寫本異文中的各類字形演變現象作了系統梳理，更爲豐富的隸楷異體字形可參書後所附《寫本〈尚書〉隸楷異體字字形表》。寫本《尚書》的隸楷異文一方面與同一時期其他文字材料中所體現出來的字形演變現象表現出較爲一致的特點，同時，因其自身内容及書手特點等相關因素的影響，寫本《尚書》異寫字形還呈現出一些與衆不同的特點，如部件變異多爲突變等。另外，寫本異文中還存在部分訛誤字，這可能與寫本的抄寫者爲非漢語母語有關，這些都是值得關注的現象。

第四章　異文與寫本用字

《尚書》各寫本之間以及各寫本與今本之間用字的不同，是形成異文的重要原因。系統清理這部分異文，無論對於認識各寫本之間的源流演變關係，還是對於漢字研究本身，特別是對於隸古定古文字際關係的辨析和大型字典的修訂，均具有重要的參考價值。由於隸古定古文與隸楷字形中異文形成的原因及特點各不相同，爲了更好地説明問題，本章把隸古定異文與隸楷異體字異文分開討論。

第一節　隸古定古文與寫本用字

由於隸古定古文具有以隸書或楷書筆法寫定古文字形的特點，因此凡被確定爲隸古定古文的字形，與今本用字皆存在差異。隸古定古文與今本文字之間存在差異的現象相當複雜，其主要包括傳統意義上的異體字，也包括一定數量的通假字異文。

一　異體字異文

異體字是指音義相同而寫法不同的字。寫本隸古定與今本文字之異體可以分爲多種情況，下面分別討論。

（一）意符替換

寫本隸古定與今本之異文同爲形聲字，但音符相同，意符不同。

1. 㕚、畣—答[①]

《洛誥》:“奉荅天命,和恒四方民,居師。”《牧誓》:“昏棄厥祀弗荅。”“荅”字敦煌斯 799 皆作“㕚”。《洛誥》:“篤前人成烈,荅其師。”“荅”字敦煌斯 6017、内野本、上影本作“畣”。《顧命》:“用荅揚文武之光。”“荅”字内野本、上八本作“畣”,觀智院本作“㕚”。

按:《玉篇·艸部》:“荅,當也。”《五經文字·艸部》:“荅,此荅本小豆之一名,對荅之荅本作畣。經典及人間行此荅已久,故不可改。”由《五經文字》對荅、畣關係的分析可以看出,當時表“應答”義除了“荅”字之外,“畣”字同樣頗爲通行,這一點於《尚書》寫本中荅、畣錯出可以得到證明。然而“荅”的本字應該是“㕚”而不是“畣”,“㕚”字從曰合聲,應該是爲“應答”義所造的本字,後因曰、田形近而訛變爲“畣”。故“㕚”“畣”與“答”同爲形聲字,但音符相同,意符不同。

2. 悊—哲

《無逸》:“自殷王中宗,及高宗,及祖甲,及我周文王,兹四人迪哲。”“哲”字敦煌伯 3767、敦煌伯 2748 均作“悊”。《酒誥》:“在昔殷先哲王,迪畏天顯小民,經德秉哲。”“哲”字九條本作“悊”。《康誥》:“往復求於殷先哲王,用保乂民。”“哲”字上八本作“悊”。

按:《說文》:“哲,知也。从口,折聲。悊,哲可從心。”今本“哲”字隸古定作“悊”乃因意符意義相關而替换。又《臯陶謨》:“知人則哲。”《漢書·五行志》引“哲”作“悊”,亦是兩字相通之例。

3. 迡—起

《益稷》:“股肱喜哉,元首起哉,百工熙哉。”“起”字敦煌伯 3615、内野本、足利本、上八本、上影本作“迡”。《盤庚》:“今汝聒聒,起信險膚,予弗知乃所訟。”“起”字敦煌伯 2643、内野本、足利本、上影本作“迡”。《金縢》:“王出郊,天乃雨,反風,禾則盡起。”“起”字島田本作“迡”。

① 横綫前爲古本用字,横綫後爲今本用字,下文並同,不再一一説明。限於篇幅,對於重出例證,本書不能窮盡列舉,僅選取少數例證以説明問題。

按:《説文》:“起，能立也。从走、已聲。辺古文起从辵。”故知隸古定古文從“辵”不從“走”爲義近形符替换而形成的異體字。以“辺”爲“起”在戰國楚系出土文獻中有非常多的用例。如上博七《凡物流形》甲:“坐而思之，際于千里；辺（起）而用之，陳于四海。”

4. 孠—嗣

《召誥》:“今王嗣受厥命，我亦惟兹二國命，嗣若功。”“嗣”字九條本、内野本、上影本、上八本作“孠”。《無逸》:“繼自今嗣王。”“嗣”字敦煌伯 3767、敦煌伯 2748、内野本、上八本作“孠”。《伊訓》:“奉嗣王祗見厥祖，侯、甸群后咸在，百官總已以塚宰。”“嗣”字内野本、足利本、上影本、上八本作“孠”。

按:《説文》:“嗣，諸侯嗣國也。从册、从口，司聲。徐鍇曰：册必於廟，史讀其册，故从口。孠，古文嗣从子。”嗣、孠乃是因改换形旁而形成的一對異體字。

5. 悳—謀

《盤庚》:“肆予沖人，非廢厥謀，吊由靈。”“謀”字敦煌伯 3670、敦煌伯 2743、岩崎本、内野本、上元本作“悳”。《立政》:“率惟謀從容德。”“謀”字敦煌伯 2630、敦煌斯 2074、九條本、内野本、上八本作“悳”。《立政》:“謀面用丕訓德。”“謀”字敦煌伯 2630、敦煌斯 2074、内野本、上八本作“悳”。

按:《集韻·模韻》:“謨,《説文》:‘議謀也。’古作悳。”言爲心聲，“謀”字因替换意義相關的形符作“悳”。上博簡《容成氏》:“湯乃悳戒求賢。”“謀”字從心某聲，與古文相同。

6. 敶—陳

《盤庚》:“失於政，陳於兹，高后丕乃崇降罪疾。”“陳”字敦煌伯 3760、敦煌伯 2743、岩崎本、内野本、上元本、足利本、上影本、上八本作“敶”。《洪範》:“我聞在昔，鯀堙洪水，汩陳其五行。”“陳”字島田本、内野本、足利本、上影本作“敶”。《大誥》:“天命不僭，卜陳惟若兹。”“陳”字島田本、内野本、足利本、上影本作“敶”。

按:《說文》:“陳，宛丘，舜后嬀滿之所封。从自从木，申聲。”《集韻·真韻》:“䡅，列也。或作敶，通作陳。”《素問·五常政大論》:“發生之紀，是爲啓敶。”王冰注:“敶，古陳字。”由此“敶”爲“陳”更換表意偏旁的異體字。

7. 敭—揚

《堯典》:“明明揚側陋。”“揚”字敦煌伯 3315 作“敭”。《洛誥》:“以予小子揚文武烈。”“揚”字敦煌斯 6017 作“敭”。《顧命》:“率循大卞，燮和天下，用答揚文武之光訓。”“揚”字敦煌伯 4059、内野本、觀智院本、上八本作“敭”。

按:《說文》:“揚，飛舉也。从手、昜聲。敭，古文。”《集韻·陽韻》:“揚，古作敭。”故知“揚”字作“敭”乃是更換形符的異體字。

8. 𢧵、䳇—蠢

《大誥》:“有大艱于西土，西土人亦不静，越兹蠢。”“蠢”字内野本、上八本均作“𢧵”。《大誥》:“嗚呼！允蠢鰥寡，哀哉!”“蠢”字内野本作“𢧵”，上八本作“䳇”。《大禹謨》:“蠢兹有苗，昏迷不恭，侮慢自賢，反道敗德。”“蠢”字敦煌斯 801 作“䳇”。

按:《說文》:“蠢，蟲動也。从䖵、萅聲。𢧵，古文蠢从𢦏。《周書》曰:‘我有𢧵于西。’”故蠢和𢧵是一對因形符替换而形成的異體字。《玉篇·戈部》:“䳇，亦蠢字。”“䳇”字從戈、春聲，亦與“蠢”字音符相同而意符不同，其結構與《汗簡》《古文四聲韻》所引《尚書》“蠢”字古文同。

9. 㲠—穆

《多方》:“爾尚不忌于凶德，亦則以穆穆在乃位，克閱于乃邑。”“穆”字敦煌斯 2074、九條本作“㲠”。《酒誥》:“明大于妹邦。乃穆考文王，肇國在西土。”“穆”字九條本作“㲠”。《吕刑》:“穆穆在上，明明在下，灼于四方，罔不惟德之勤。”“穆”字岩崎本、内野本、上八本作“㲠”。

按:《說文·禾部》:“穆，禾也。从禾、㣎聲。”《玉篇·禾部》:“穆，古文作㲠。”故知穆、㲠乃形符更换而形成的異體。

10. 弻—弼

《皋陶謨》:“允迪厥德，謨明弼諧。”“弼”字足利本、上影本作“弻”。《大誥》:“天明畏，弼我丕丕基。”“弼”字内野本、足利本、上影本作“弻”。《洛誥》:“汝受命篤弼，丕視功載，乃汝其悉自教工。”“弼”字内野本、上八本作“弻”。

按:《説文》:“弼，輔也，重也。从弜，丙聲。弻，古文。”徐鍇曰:“丙，舌也，非聲。”“弼”從丙，弜聲，車蔽也。以簟爲之，故以丙爲形符。因“弼”又假借用以表示輔助義，故改從“攴”作“弻”。

11. 眎—視

《盤庚》:“殷降大虐，先王不懷厥攸作，視民利用遷。”“視”字敦煌伯3670、敦煌伯2643、岩崎本、内野本、上元本作“眎”。《洛誥》:“汝受命篤弼，丕視功載，乃汝其悉自教工。”“視”字敦煌伯2748、内野本、上八本作“眎”。《洪範》:“貌曰恭，言曰從，視曰明，聽曰聰，思曰睿。”“視”字島田本、内野本、上八本作“眎”。

按:《説文》:“視，瞻也。从見、示。眎，古文視。”小徐本以“視”字“從見，示聲”，爲形聲字。《廣韻·至韻》:“視，看視。眎，古文。”因此今本“視”寫本改换義近偏旁而作“眎”。

12. 斆—攘

《微子》:“今殷民，乃攘竊神祇之犧牷牲，用以容，將食無災。”“攘”字敦煌伯2643、岩崎本、内野本、上元本、足利本作“斆”。《吕刑》:“罔不寇賊，鴟義姦宄，奪攘矯虔。”“攘”字岩崎本、内野本、足利本作“斆”。《費誓》:“無敢寇攘：逾垣墻，竊馬牛，誘臣妾，汝則有常刑。”“攘”字足利本、上影本、上八本作“斆”。

按:《集韻·陽韻》:“攘，《説文》:‘推也。’古作斆。”故攘、斆乃是因更换意義相關形符而形成的一對異體字。

（二）音符替换

寫本隸古定與今本之異文同爲形聲字，但意符相同，音符不同。

1. 礼—禮

《舜典》:“修五禮、五玉、三帛、二生、一死贄。”“禮”字敦煌伯3315、内野本、足利本、上影本、上八本作“礼”。《舜典》:“五月，南巡守，至於南岳，如岱禮。”“禮”字内野本、足利本、上影本作“礼”。《洛誥》:“四方迪亂未定，于宗禮亦未克敉公功。”“禮”字敦煌伯2748、内野本、足利本、上影本、上八本作“礼”。

按:《説文》:“禮，履也，所以事神致福也。从示、从豊，豊亦聲。礼，古文禮。”乙爲影母質部，禮爲來母脂部，“禮”字作“礼”乃是因聲符替换而形成的異體字。

2. 圂、圕—圖

《盤庚》:“古我先王，亦惟圖任舊人共政。”“圖”字岩崎本作“圂”，内野本作“圕”。《多方》:“洪惟圖天之命，弗永寅念于祀。”“圖”字敦煌斯2074作“圂”，九條本、内野本、上八本作“圕”。《多方》:“乃惟有夏，圖厥政。”“圖”字敦煌斯2074作“圂”，九條本、内野本、上八本作“圕”。

按：寫本“圂”所從的偏旁“㚔”爲“者”字訛變，寫本作“圕”者則又是聲符“㚔”的訛變，故“圖”字作“圂”或“圕”屬聲符替换。此處的兩個異文都應該是從囗、者聲的“圕”字異體。“圖”本從囗從啚會意，後來爲滿足表音的需要，遂易“啚”爲“者”而成“圕”。上博二《魯邦大旱》1:“子不我圕之。”亦以“圕”爲“圖”。

3. 焯—灼

《立政》:“亦越文王、武王，克知三有宅心，灼見三有俊心；以敬事上帝，立民長伯。”“灼”字敦煌斯2074、九條本、内野本、上八本作“焯”。《立政》:“準人、牧夫，我其克灼知厥若，丕乃俾亂。”“灼”字敦煌伯2630、九條本、内野本、上八本作“焯”。《吕刑》:“穆穆在上，明明在下，灼于四方，罔不惟德之勤。”“灼”字岩崎本、内野本、上八本作“焯”。

按:《説文》:“焯，明也。从火、卓聲。《周書》曰：焯見三有俊心。”《漢書·揚雄傳》:“焯爍其陂。”顔師古注:“焯，古灼字。”故

“灼”字寫本作“焯”乃是聲符替换而形成的異體字。

4. 旹—時

《堯典》:“黎民於變時雍。”“時”字内野本、足利本、上影本作“旹”。《牧誓》:“時甲子昧爽，王朝至於商郊牧野，乃誓。”“時”字敦煌斯799、神田本、内野本、足利本、上影本、上八本作“旹”。《洪範》:“惟時厥庶民於汝極，錫汝保極。”“時”字島田本、内野本、足利本、上影本作“旹”。

按:《說文》:“時，四時也。从日、寺聲。旹，古文時从㞢、日。”“時”字本從寺得聲，而寺又從之得聲，“旹”從之得聲，故“㞢”“寺”聲近，故“時”字作“旹”乃是因聲符替换而形成的異體字。

5. 迡—遲

《盤庚》:“遲任有言曰:‘人惟求舊;器非求舊，惟新。’”“遲”字敦煌伯2643、岩崎本作“迡”，内野本、上八本作“遟”。

按:《說文》:“遲，徐行也。从辵、犀聲。迡，遲或从𡰥。遟，籀文遲从屖。”“𡰥”爲“夷”字古文，𡰥爲余母脂部，遲定母脂部，聲近韻同，故“遲”字從“𡰥”爲聲符替换。同樣，“屖”心母脂部，與“遲”聲近韻同，故“遲”字從“屖”亦屬聲符替换。

6 禁—麓

《舜典》:“納於大麓，烈風雷雨弗迷。”“麓”字敦煌伯3315、内野本、足利本、上影本作“禁”。

按:《說文·林部》:“麓，守山林吏也。从林，鹿聲。一曰林屬於山爲麓。《春秋傳》曰:‘沙麓崩。’禁，古文从录。”《玉篇·林部》:“麓，山足也。禁，古文。”麓、禁爲聲符替换而形成的異體字。

7. 亓—基

《武成》:“至於大王，肇基王迹。”“基”字敦煌斯799、内野本、上八本作“亓”。《大誥》:“弼我丕丕基。”“基”字内野本作“亓”。《洛誥》:“其基作民明辟。”“基”字内野本、上八本作“亓”。《君奭》:“我不敢知曰厥基永孚於休。”“基”字内野本、上八本作“亓”。

按:《説文》:“基，牆始也。从土，其聲。”“基”字從其得聲，“亝”字從亓得聲，而“亓”爲“其”字古文，故基、亝爲更换聲符而形成的異體字。

8. 忎—恐

《盤庚》:“汝曷弗告朕，而胥動以浮言，恐沉於衆。”“恐”字岩崎本、内野本作“忎”。《盤庚》:“今予命汝，一無起穢以自臭，恐人倚乃身、迂乃心。”“恐”字敦煌伯2613、岩崎本、上元本作“忎”。《顧命》:“王曰:‘嗚呼！疾大漸，惟幾；病日臻，既彌留，恐不獲誓言嗣，兹予審訓命汝。’”“恐”字内野本作“忎”。《金縢》:“秋，大熟，未獲，天大雷電以風，禾盡偃，大木斯拔；邦人大恐。”“恐”字内野本作“忎”。

按:《説文》:“恐，懼也。从心、巩聲。忎，古文。”“巩”從“工”得聲，兩字聲同或聲近，故恐字作“忎”爲聲符替换而形成的異體字。

9．䜣—斯

《洪範》:“時人斯其惟皇之極。”“斯”字島田本、内野本作“䜣”。《洪範》:“斯其惟皇之辜。”“斯”字島田本、内野本作“䜣”。《酒誥》:“姑惟教之有斯明享。”“斯”字九條本、内野本、足利本、上影本作“䜣”。

按:《玉篇》:“斯，析也，又此也。䜣，古文斯。”“亓”爲“其”字古文，故斯、䜣爲更换聲符而形成的異體字。

10. 枀—松

《禹貢》:“厥貢鹽絺，海物惟錯，岱畎絲、枲、鉛、松、怪石。”“松”字敦煌伯3615、岩崎本、内野本、上八本作“枀”。

按:《集韻·鍾韻》:“松，古作枀。”公從公得聲，兩字聲同，故松、枀爲聲符替换而形成的異體字。

11. 𢇁—織

《禹貢》:“厥篚織貝。”“織”字敦煌伯3615、岩崎本作“𢇁”。《禹貢》:“熊、羆、狐、狸、織皮。”“織”字敦煌伯3615、九條本、内野本作“𢇁”。《禹貢》:“織皮昆侖、析支、渠搜。”“織”字九條本、内野本、足利本、上影本、上八本作“𢇁”。

按:《説文》:“織，作布帛之總名也。从糸、戠聲。”《集韻·職韻》:“織，古作緎。”緎從糸從戠省聲，蓋因“糸”旁占據了“日”的位置，所以“日”旁省略。[①] 故緎、織是因聲符替换而形成的異體字。

12. 畮—畝

《盤庚》:“不昏作勞，不服田畝。”“畝”字敦煌斯 1139、岩崎本、内野本作“畮”。《大誥》:“予曷敢不終朕畝。”“畝”字島田本作“畮”。《微子之命》:“異畝同穎。”“畝”字内野本作“畮”。

按:《説文》:“畮，六尺爲步，步百爲畮。从田、每聲。畝，畮或从田、十、久。臣鉉等曰：十,四方也，久聲。”可見漢代以“畮”爲正體，以“畝”爲或體。又如《漢書·食貨志》:“六尺爲步，步百爲畮。”顔師古注:“畮，古畝字也。”畮、畝爲聲符替换而形成的異體字。

13. 逷—逖

《牧誓》:“逖矣，西土之人。”“逖”字敦煌斯 799、内野本作“逷”。《多方》:“我則致天之罰，離逖爾土。”“逖”字敦煌伯 2630、敦煌伯 2074、九條本作“逷”。《多士》:“我乃明致天罰，移爾遐逖，比事臣我宗，多遜。”“逖”字敦煌伯 2748 作“逷”。

《説文》:“逖，遠也。从辵、狄聲。逷，古文逖。”易、狄均爲透母錫部，聲韻皆同，“逖”和“逷”乃是因聲符改换而形成的一對異體字。

（三）全體新造

寫本《尚書》中還有一類異文屬於形聲字的形符和聲符同時改换的情況，如果形符的意義相同、相近、相通或相關，則改换形符；同樣，如果聲符讀音相同或相近，則改换聲符。

1. 㲟—舞

《舜典》:“於！予擊石拊石，百獸率舞。”“舞”字敦煌伯 3315、内野本、足利本、上影本作“㲟”。《大禹謨》:“帝乃誕敷文德，舞干羽於兩階。”“舞”字敦煌斯 801 作“㲟”。《顧命》:“胤之舞衣，大貝、鼖鼓，

① 李春桃:《古文異體關係整理與研究》，中華書局，2016，第 144 頁。

在西房。”“舞”字内野本、上八本作“翌”。

按:《說文》:“舞，樂也，用足相背。从舛、無聲。翌，古文舞從羽、亡。”其中大徐本作“從羽、亡”，小徐本作“從羽，亡聲”。故翌、舞爲聲符、形符同時替换而形成的一字異體。

2. 栞—刊

《禹貢》:“予乘四載，隨山刊木，曁益奏庶鮮食。”“刊”字内野本、足利本、上八本作“栞”。《禹貢》:“九山刊旅，九川滌源，九澤既陂。”“刊”字敦煌伯 3615、九條本作“栞”。

按:《說文》:“栞，槎識也。从木、𢍏。闕。《夏書》曰：隨山栞木，栞，讀若刊。栞，篆文从幵。”栞、栞爲一字異體，栞、刊也是一字之異體，栞從木幵聲，刊從刀干聲。

3. 諐—愆

《牧誓》:“今日之事，不愆於六步、七步，乃止齊焉。”“愆”字内野本、足利本、上影本、上八本作“諐”。《秦誓》:“雖則云然，尚猷詢兹黄髮，則無所愆。”“愆”字九條本、内野本、上八本作“諐”。《無逸》:“乃非民攸訓，非天攸若，時人丕則有愆。”“愆”字敦煌伯 3767、敦煌伯 2748 作“諐”。

按:《說文》:“愆，過也。从心、衍聲。諐，籒文。”《說文》以愆、諐爲一字之異體，今本“愆”寫本作“諐”，與《說文》籒文同。言、心爲意義相關的一對形符;“衍”爲余母元部，侃爲溪母元部，聲近韻同，故“愆”“諐”爲聲符、形符同時替换而形成的異體字。

（四）疊加意符或音符

有些字本爲表意字或形聲字，後來由於原字符的表音或表意功能喪失，於是在原有字形的基礎上疊加形符或聲符而構成新的形聲字。

1. 籅—典

《多士》:“惟殷先人，有册有典。”“典”字敦煌伯 2768、上八本作“籅”。《高宗肜日》:“王司敬民，罔非天胤，典祀無豐于昵。”“典”字岩崎本、上元本作“𥫗”。《梓材》：“亦既用明德，后式典集，庶邦丕享。”“典”字九條本作“𥫗”。

按：《説文·丌部》：“典，五帝之書也。莊都説：‘大册也。’𥫗，古文典從竹。”因用於書寫的典册以竹片製成，故疊加表意形符作“𥫗”。

2. 笧—册

《金縢》：“史乃册祝。”“册”字内野本、上八本作“笧”。《洛誥》：“王命作册逸祝册，惟告周公其後。”“册”字敦煌伯 2748、上八本作“笧”。《多士》：“惟殷先人，有册有典。”“册”字敦煌伯 2768、上八本作“笧”。

按：《説文》：“册，符命也。諸侯進受於王也。象其札一長一短、中有二編之形。笧，古文册从竹。”因簡册以竹片製成，故“册”字疊加表意形符作“笧”。

3. 笈—皮

《禹貢》：“厥土惟白壤，厥賦惟上上錯，厥田惟中中，恒衛既從，大陸既作。島夷皮服。夾右碣石入于河。”“皮”字内野本、足利本、上影本、上八本均作“笈”。

按：《説文》：“皮，剥取獸革者謂之皮。笈，古文皮。”故“皮”字疊加表意形符作“笈”。

4. 㦂—常

《皋陶謨》：“彰厥有常，百僚師師，百工惟時。”“常”字内野本、足利本、上影本作“㦂”。

按：《玉篇·心部》：“㦂，古常字。”《集韻·陽韻》：“㦂，通作常。”故“常”字疊加意符作“㦂”。

5. 弌—一

《皋陶謨》：“一日二日三日萬機。”“一”字内野本、足利本、上影本作“弌”。《盤庚》：“汝不憂朕心之攸困，乃咸大不宣乃心，欽念以忱，動予一人。”“一”字内野本、上八本作“弌”。《泰誓》：“乃一德一心，立定厥功。”“一”字内野本、足利本、上影本、上八本作“弌”。

按：《説文·一部》：“弌，古文一。”弌，從一戍省聲，“一”字疊加音符作“弌”。又“一”字三體石經古文作“弌”，可證今本“一”字寫本《尚書》作“弌”乃是淵源有自的。

6. 衛—率

《堯典》:“柔遠能邇，惇德允元，而難任人，蠻夷率服。”“率”字敦煌伯 3315、内野本、足利本、上影本、上八本作“衛”。《舜典》:“予擊石拊石，百獸率舞。”“率”字敦煌伯 3315、内野本、足利本、上影本、上八本作“衛”。《盤庚》:“乃話民之弗率。”“率”字敦煌伯 3670、内野本、足利本、上影本、上八本作“衛”。

按:《説文》:“衛，將衛也。从行、率聲。”邵瑛《群經正字》:“古衛、率多通用，經傳嘗有之，是率即衛字也。”“率”字作“衛”乃是疊加表意形符而形成的異體字。

另外，寫本《尚書》中還有個别省簡聲符的用例，因衹有一字，姑附於本節最後。

7. 帰、峄—歸

《五子之歌》:“嗚呼曷歸，予懷之悲。”“歸”字敦煌伯 2533、九條本、内野本、足利本、上影本、上八本作“帰”。《五子之歌》:“萬姓仇予，予將疇依。”“歸”字九條本作“峄”，敦煌伯 2533、内野本、足利本、上影本、上八本作“帰”。《金縢》:“公歸，乃納册於金縢之匱中。”“歸”字島田本、内野本、上八本作“峄”。

按:《説文》:“歸，女嫁也。从止、从婦省，𠂤聲。帰，籀文省。”由《説文》解釋可知，“帰”爲“歸”字之異體，“歸”省去聲符則爲“帰”，又因止、山形近，故“帰”字又或訛從山旁作“峄”。

二　通假字異文

在先秦兩漢出土文獻中，通假字的使用頻率大大高於同時期傳世文獻。同樣，寫本《尚書》隸古定古文中通假字的使用頻率也遠遠高於傳世本《尚書》。[①] 幾乎所有的通假字異文與字書所輯録的傳抄古文用法完

① 錢宗武:《尚書通假字研究》,《古漢語研究》1995 年第 4 期。

全相同，這些以寫本形式存在的通假字異文，對於傳抄古文字際關係的研究無疑是很好的補充和印證。

（一）今本用本字，寫本用借字，本字和借字同爲形聲字，且本字和借字同聲符或屬同一諧聲系統

1. 禮—詛

《無逸》："民否則厥心違怨，否則厥口詛祝。""詛"字敦煌伯 3767、敦煌伯 2748 作"禮"。《吕刑》："民興胥漸，泯泯棼棼，罔中于信，以覆詛盟。""詛"字岩崎本、内野本作"禮"。

按："詛"從言、且聲，"禮"從"虘"，而"虘"從虍且聲，兩字屬同一諧聲系統，可以通假，故寫本以"禮"爲"詛"。"禮"假借爲"詛"亦可見於出土文獻，如"盟詛"，包山 211、包山 241 皆作"盟禮"。

2. 媛—綏

《禹貢》："五百里綏服。""綏"字敦煌伯 2533、九條本作"媛"。《盤庚》："天其永我命于兹新邑，紹復先王之大業，厎綏四方。""綏"字岩崎本作"媛"。《盤庚》中："我先后綏乃祖乃父。""綏"字敦煌伯 2643、岩崎本、上元本作"媛"。《盤庚》下："乃正厥位，綏爰有衆。""綏"字敦煌伯 2643、内野本、上元本作"媛"。

按：《玉篇·女部》："媛，《尚書》爲古文綏。"《集韻》："媛，安也。通作綏。"媛、綏均從妥得聲，故兩字聲近通假。

3. 𡆸、或—國

《金滕》："我國家禮亦宜之。""國"字島田本作"或"。《多方》："告爾四國多方。""國"字敦煌斯 2074、九條本作"𡆸"，内野本、上八本作"或"。《酒誥》："越庶國，飲惟祀，德將無醉。""國"字九條本作"𡆸"，内野本、上八本作"或"。

按：李春桃認爲，𡆸從土、或聲，部件"土"與"或"下面的横畫黏連到一起，形近"王"旁，當是"域"字。[①] 或和國都從"或"得聲，

① 李春桃：《古文異體關係整理與研究》，中華書局，2016，第 149 頁。

故古寫本“或”或假借爲“國”。

4. 圛—驛

《洪範》:“曰雨，曰霽，曰蒙，曰驛。”“驛”字島田本、内野本、足利本、上影本作“圛”。

按:《説文》:“圛，回行也。从囗、睪聲。《尚書》曰：圛圛升雲，半有半無。讀若驛。”驛、圛均從睪得聲，故寫本《尚書》“圛”字假借爲“驛”。

5. 恕—怒

《盤庚》:“不其或稽，自怒曷瘳?”“怒”字敦煌伯 2643、岩崎本、内野本、足利本、上元本、上影本作“恕”。《盤庚》:“罔罪爾衆；爾無共怒，協比讒言予一人。”“怒”字敦煌伯 2643、岩崎本、内野本、上元本作“恕”。《無逸》:“不啻不敢含怒。”“怒”字敦煌伯 3767、敦煌伯 2748、上八本作“恕”。

按:“恕”從“女”得聲，“怒”之聲符“奴”亦從“女”得聲，兩字屬同一諧聲系統，故寫本假“恕”爲“怒”。又三體石經古文亦以“恕”爲“怒”，出土文獻中，“恕”假借爲“怒”的用例也比較常見，如上博六《天子建州》甲:“格尹行，身行二：一喜一恕。”

6. 乿—始

《胤征》:“自契至於成湯八遷，湯始居亳，從先王居。”“始”字敦煌伯 3315、九條本作“乿”。《吕刑》:“若古有訓，蚩尤惟始作亂，延及于平民。”“始”字岩崎本、内野本、上八本作“乿”。《吕刑》:“爰始淫爲劓、刵、椓、黥。越兹麗刑並制，罔差有辭。”“始”字岩崎本、内野本、上八本作“乿”。

按：寫本“乿”與“始”均從“台”得聲，故“乿”可假借爲“始”，這種用法在出土文獻中常見,《上博・弟子問》:“汝能慎乿與終，斯善矣，爲君子乎?”《上博・仲弓》:“□罪，政之乿也。”“乿”字均假借爲“始”。

（二）今本用本字，寫本用借字，本字以借字爲聲符

1. 㣉—功

《堯典》："共工方鳩僝功。""功"字敦煌伯3315、内野本、上八本作"㣉"。《盤庚》："古我先王，將多于前功，適于山。""功"字内野本作"㣉"。《金縢》："公乃自以爲功。""功"字内野本作"㣉"。《召誥》："今王嗣受厥命，我亦惟茲二國命，嗣若功。""功"字内野本、足利本、上影本作"㣉"。《無逸》："即康功田功。""功"字内野本、上八本作"㣉"。

按：《説文》："工，巧飾也。象人有規榘也。㣉，古文工从彡。"故寫本"㣉"爲"工"的隸古定古文，"功"從"工"得聲，故寫本"㣉"可假借爲"功"。

2. 𢒠—諸

《舜典》："歷試諸難。""諸"字敦煌伯3315作"𢒠"。《禹貢》："三百里諸侯。""諸"字敦煌伯3315、九條本、内野本作"𢒠"。《洪範》："既勝殷邦諸侯。""諸"字島田本、内野本作"𢒠"。《康誥》："惟厥正人、越小臣、諸節，乃別播敷，造民大譽。""諸"字内野本、足利本、上影本作"𢒠"。

按：寫本"𢒠"爲"者"字隸古定古文。"諸"從"者"得聲，故"者"字可假借爲"諸"。"者"假借爲"諸"在出土戰國竹簡中非常常見，《郭店·語叢三》："不義而加者（諸）己，弗受也。"《上博·子羔》："堯之取舜，從者（諸）卉茅之中。""者"均假借爲"諸"。

（三）寫本爲借字，今本爲本字，借字以本字爲聲符

1. 𦏧—益

《舜典》："僉曰，益哉。""益"字敦煌伯3315、内野本、足利本、上影本作"𦏧"。《舜典》："益拜稽首。""益"字内野本、足利本、上影本作"𦏧"。《皋陶謨》："暨益奏庶鮮食。""益"字内野本、上影本、上八本作"𦏧"。

按：《説文》："嗌，咽也。从口、益聲。𦏧，籀文嗌。上象口，下象頸脈理也。"故寫本"𦏧"爲"嗌"字隸古定古文，"嗌"從"益"得聲，

故寫本“䓯”或假借爲“益”。另外，三體石經亦以“䓯”爲“益”字古文，可證“益”字寫本作“䓯”是淵源有自的。出土文獻中也有很多借“嗌”爲“益”的例子,《清華·説命下》:“余柔遠能邇，以嗌（益）視事。”《清華·良臣》:“堯之相舜，舜又有禹，禹又有伯夷，又有嗌（益），又有史皇，又有皋陶。”

（四）寫本用借字，今本用本字，借字與本字的形體無任何聯繫

1. 諅—忌

《多方》:“爾尚不忌于兇德，亦則以穆穆在乃位，克閱于乃邑。”“忌”字敦煌斯 2074、九條本作“諅”。

按:“諅”字從言亓聲，爲諆字古文。《説文》:“諆，忌也。从言、其聲。《周書》曰：上不諆于凶德。”故諅亦假借爲忌。

2. 但—剛

《舜典》:“直而温，寬而栗，剛而無虐，簡而無傲。”“剛”字敦煌伯 3315、内野本、足利本、上影本作“但”。《酒誥》:“矧汝剛制於酒。”“剛”字九條本、内野本、足利本作“但”。

按:“但”爲古文“强”字。强爲群母陽部，剛爲見母陽部，兩字聲近韻同，故可通假。但、剛通用在楚文字中較爲常見，如《上博六·天甲》:“但（剛）行、忠謀、信言。”《上博八·志一》:“是楚邦之但（剛）梁人。”兩處“剛”字均假“但”字爲之。

3. 丳—戰

《牧誓》:“與受戰於牧野。”“戰”字敦煌斯 799、内野本、上八本作“丳”。《湯誓》:“遂與桀戰於鳴條之野。”“戰”字内野本、足利本、上影本作“丳”。《多方》:“我惟時其教告之，我惟時其戰要囚之，至於再，至於三。”“戰”字敦煌斯 2074、九條本、内野本、上八本作“丳”。

按：湯餘惠認爲“丳”爲“旃”字。[①] 旃、戰均爲章母元部，兩字聲

① 湯餘惠:《釋“丳”》,《吉林大學古籍整理研究所建所十五周年紀念文集》，吉林大學出版社，1998。

韻均同，故寫本古文假旃爲戰。《釋名・釋兵》："旃，戰也。"《玉篇・止部》："峷，古文戰。"均是以本字釋借字。另，《漢語大字典》"峷"條下僅引字書相關解釋而没有必要的書證，當據補。

4. 芓—滋

《君奭》："天休滋至，惟時二人弗戡。""滋"字九條本、内野本、足利本、上影本、上八本作"芓"。

按：《説文》："芓，麻母也。从艸、子聲。"上古"芓"從紐之部，"滋"精紐之部，兩字聲近韻同，故"芓"可假借爲"滋"。

5. 遳、逵—遂

《湯誓》："遂與桀戰於雞條之野。""遂"字内野本、足利本、上影本、上八本作"逵"。《湯誓》："湯遂從之。""遂"字内野本、足利本、上影本作"逵"。《湯誓》："遂伐三朡。""遂"字内野本、足利本、上影本作"逵"，上八本作"遳"。

按：上述引文中"遳""逵"爲"述"的隸古定古文，今本《尚書》假借爲"遂"。上古音"述"爲船母物部，"遂"爲邪母物部，聲近韻同，故遳和逵可以假借爲"遂"。另外，"述"假借爲"遂"在出土文獻中也比較常見，如《郭店・老子甲》："功述（遂）身退，天之道也。"《上博・容成氏》："臯陶乃五讓以天下之賢者，述（遂）稱疾不出而死。"亦可證遳、逵和遂相通的確有據可依。

6. 竺—篤

《君奭》："嗚呼，篤棐時二人。""篤"字九條本、内野本、上八本作"竺"。《盤庚》："朕及篤敬，恭承民命，用永地于新邑。""篤"字敦煌伯 2516、敦煌伯 2643、岩崎本、内野本、上元本作"竺"。《洛誥》："篤叙乃正父，罔不若；予不敢廢乃命。""篤"字敦煌斯 6017、内野本作"竺。"

按：竺、篤均爲端母覺部，故可通假。"竺"字假借爲"篤"在出土文獻中也比較常見，如《上博二・容成氏》："竺義與信。"《馬王堆・縱横家書》："臣願王與下吏詳計某言而篤考慮之。""竺"字假借爲"篤"。

7. 奡—傲

《舜典》："剛而無虐，簡而無傲。""傲"字敦煌伯 3315 作"奡"。《盤庚》："汝猷黜乃心，無傲從康。""傲"字岩崎本、上元本作"奡"。《皋陶謨》："無若丹朱傲。""傲"字内野本、足利本、上影本、上八本作"奡"。

按:《説文》："奡，嫚也。从百、从夰，夰亦聲。《虞書》曰：若丹朱奡。讀若傲。《論語》：奡湯舟。"《説文》以"奡"可讀爲"傲"，兩字古音相同，可以通假。

8. 㕦—虞

《堯典》："讓位於虞舜。""虞"字内野本、足利本、上影本作"㕦"。《堯典》："在下曰虞舜。""虞"字敦煌伯 3315、内野本、足利本、上影本作"㕦"。《舜典》："虞舜側微。""虞"字内野本、足利本作"㕦"。

按:《集韻·虞韻》："虞，《説文》：'騶虞也。'古作㕦。"曾憲通師認爲"㕦"是"虡"字之省。虞從虍吴聲，古音屬魚部疑母，與在魚部群母之虡音近可通。故寫本《尚書》"㕦"假借爲"虞"。[①]

9. 膟—類

《堯典》："肆類於上帝。""類"字敦煌本、内野本、足利本、上影本均作"膟"。

按:《説文》："膟，血祭肉也。从肉、帥聲。"膟，來母物部；類，來母物部，兩字古音相同，故可通假。關於"膟"字的這種用法，各類字書皆無書證，此可補字書之失。

10. 吺—兜

《堯典》："流共工於幽州，放驩兜於崇山，竄三苗於三危，殛鯀於羽山，四罪而天下咸服。""兜"字敦煌本、内野本、足利本、上影本作"吺"。《皋陶謨》："何憂乎驩兜，何遷乎有苗。""兜"字内野本、足利本、上影本作"吺"。

按:《説文》："吺，讘吺，多言也。从口、投省聲。""吺"和"兜"

---

① 曾憲通:《從曾侯乙編鐘之鐘虡銅人説"虡"與"業"》,《古文字與出土文獻叢考》，中山大學出版社，2005。

均爲端母侯部字，故可通假。韓愈《遠遊聯句》:“開弓射鵃吺。”朱熹注引孫汝聽曰:“《史記》‘鵃吺’，即‘驩兜’字，古文《尚書》亦以‘驩兜’爲‘鵃吺’。”《字彙》:“古文《尚書》‘驩兜’作‘鵃吺’。”由此可知，“吺”字作“兜”在古代文獻中並不鮮見，然大型辭書往往失於收録，當據補。

11. 氒—厥

《堯典》:“厥民因，鳥獸希革。”“厥”字内野本、足利本、上影本作“氒”。《禹貢》:“厥土黑墳，厥草惟繇，厥木惟條。”“厥”字敦煌伯3615、内野本、足利本、上影本、上八本作“氒”。《多方》:“有夏誕厥逸。”“厥”字敦煌斯2074、九條本、内野本作“氒”。

按：容庚《金文編》:“‘氒’爲‘橛’字古文，亦爲‘厥’之古文。敦煌本隸古定《尚書》‘厥’皆作‘氒’。”[①] 氒、厥均爲見母月部，故“氒”或假借爲“厥”。在古代文獻中，“厥”往往借“氒”字爲之，這類字例不勝枚舉，寫本隸古定亦與之相合。

12. 悆—豫

《洪範》:“曰豫恒燠若。”“豫”字島田本、内野本、上八本作“悆”。《金縢》:“王有疾，弗豫。”“豫”字内野本作“悆”。《五子之歌》:“太康尸位，以逸豫滅厥德。”“豫”字敦煌伯2533、九條本、内野本、足利本、上影本作“悆”。

按:《説文》:“悆，忘也。从心余聲。《周書》曰:‘有疾不悆。’悆，喜也。”《爾雅·釋詁》:“豫，樂也。”邢昺疏:“豫者，逸樂也。”悆、豫均爲余母魚部字，故可通假。又《金縢》:“王有疾，弗豫。”“豫”字清華簡作“㾢”，亦可證“豫”字作“㾢”乃是淵源有自的。

三　保留早期原始形體或特殊寫法

隸古定以隸書筆法寫定古文，許多早期的原始形體或特殊寫法被如

① 容庚編著，張振林、馬國權摹補《金文編》，中華書局，1985，第817頁。

實轉寫，由於這種字體更多地保存古文字形而非日常使用，所以隸古定字形一般不會發生過於劇烈的變化，更不會演變爲關連性不大的其他部件或字形，因此有相當一部分寫本中的隸古定字形仍然保留了古文較早的形體或特殊的寫法。

1. 歬—前

《盤庚》:“古我先王，將多于前功，適于山。”“前”字敦煌伯 2516、敦煌伯 2643、岩崎本、内野本、上元本作“歬”。《君奭》:“前人敷乃心，乃悉命汝，作汝民極。”“前”字九條本、内野本、上八本作“歬”。《洛誥》:“予旦以多子越御事，篤前人成烈，答其師。”“前”字内野本、上八本作“歬”。

按：歬，從止，從舟，像人足在舟上，會前進之義。後借表示“剪斷”義的“前”字記録“前進”義，“歬”遂棄而不用。

2. 㕕—鄰

《皋陶謨》:“欽四鄰，庶頑讒説，若不在時，侯以明之，撻以記之。”“鄰”字内野本、足利本、上八本作“㕕”。《皋陶謨》:“吁！臣哉鄰哉！鄰哉臣哉！”“鄰”字内野本、足利本、上八本、上影本作“㕕”。《大誥》:“誕鄰胥伐於厥室。”“鄰”字島田本、内野本作“㕕”。

按:“㕕”本象兩城邑相連之形，本是“鄰”的象形初文，後以形聲的“鄰”字表“相鄰”之義，“㕕”遂棄而不用。

3. 悳—德

《堯典》:“克明俊德，以親九族。”“德”字内野本、足利本、上影本作“悳”。《舜典》:“舜讓於德，弗嗣。”“德”字内野本、足利本、上影本作“悳”。《盤庚》:“丕乃敢大言，汝有積德。”“德”字敦煌斯 1399、岩崎本、内野本、上八本作“悳”。

按:“悳”本從心從直，會心意正直之意，本義爲“道德”，是“德”的本字。《上博二・子羔》:“堯見舜之悳賢也。”《上博二・魯邦大旱》2:“不知刑與悳。”皆以“悳”爲“德”。“德”字通行後，“悳”字遂廢棄不用。

4. 坶—牧

《牧誓》:“武王戎車三百輛,虎賁三百人,與受戰于牧野,作《牧誓》。”“牧”字敦煌斯 799、神田本、内野本、上八本作“坶”。《牧誓》:“王朝至於商郊牧野。”“牧”字敦煌斯 799、神田本、内野本、上八本作“坶”。

按:《説文》:“坶,朝歌南七十里地。《周書》:武王與紂戰于坶野。从土、母聲。”坶與坶爲一字異體,均爲表示地名“坶野”的專用字,後假借“牧”字作“牧野”,“坶”和“坶”遂棄而不用。在寫本《尚書》中,“坶”字僅用於記録地名“牧野”,其他意義和用法均作“牧”。

5. 效—教

《舜典》:“汝作司徒,敬敷五教。”“教”字内野本、足利本、上影本作“效”。《酒誥》:“庶士、有正,越庶伯君子,其爾典聽朕教。”“教”字内野本、足利本、上影本作“效”。《酒誥》:“又惟殷之迪諸臣惟工,乃湎于酒,勿庸殺之,姑惟教之。”“教”字内野本、足利本、上影本作“效”。

按:《説文》:“教,上所施下所效也。从攴、从孝。效,古文教。”“效”本從攴爻聲,殆爲突出表示教育兒童之意,故加表意偏旁“子”作“教”。楚簡中亦多見以“效”爲“教”的用例,如《上博八・顔淵》9:“則其於效也不遠矣。”《郭店・唐虞之道》5:“夫聖人上事天,效民有尊也;下事地,效民有親也;時事山川,效民有敬也;親事祖廟,效民孝也;太學之中,天子親齒,效民弟也;先聖與後聖,考後而甄先,效民大順之道也。”上引諸例中的“教”字均作“效”,“教”通行後,“效”字便不再使用。

6. 㫃—旅

《禹貢》:“荆岐既旅,終南惇物。”“旅”字敦煌伯 3615、九條本、内野本、足利本、上影本、上八本作“㫃”。《禹貢》:“蔡蒙旅平,和夷厎績。”“旅”字敦煌伯 3615、九條本、内野本、足利本、上影本、上八本作“𡗝”。《多方》:“不克靈承於旅，罔丕惟進之恭，洪舒于民。”“旅”字敦煌斯2074、九條本、内野本、上八本作“𡗝”。

按:《説文》:“旅，軍之五百人爲旅。从㫃、从从。𡗝，古文旅。”“𡗝”字所從部件“止”爲“㫃”旁的訛變，下面的“仒”旁爲“旅”字所從“从”旁的類化，爲“旅”字古文的異寫字形，“旅”字通行後，“𡗝”字不再使用。

7. 臮—暨

《堯典》:“帝曰：咨！汝羲暨和。期三百有六旬有六日，以閏月定四時成歲。”“暨”字敦煌伯3315、内野本、足利本、上影本作“臮”。《多方》:“爾多方暨殷多士。”“暨”字敦煌斯2074、九條本、内野本、上影本、上八本作“臮”。《禹貢》:“淮夷蠙珠暨魚。”“暨”字敦煌伯3615、岩崎本、内野本、足利本、上影本、上八本作“臮”。《禹貢》:“東漸於海，西被於流沙，朔南暨聲教，訖於四海。”“暨”字敦煌伯3615、岩崎本、内野本、足利本、上影本、上八本作“臮”。

按:《説文》:“臮，衆詞與也。从㐺、自聲。《虞書》曰：臮咎繇。”又《史記·夏本紀》:“淮夷蠙珠臮魚。”司馬貞《索隱》:“臮，古‘暨’字。臮，與也。”因此，“臮”爲“暨”之古字，“暨”字通行後，“臮”不再使用。

8. 敢、㪨—敢

《盤庚》:“丕乃敢大言汝有積德。”“敢”字敦煌伯2643作“敢”，岩崎本、内野本、上元本、上八本作“㪨”。《盤庚》:“予敢動用非罰?”“敢”字敦煌伯2643作“敢”，敦煌伯3670、岩崎本、内野本、上元本、上八本作“㪨”。《湯誓》:“非予小子敢行稱亂。”“敢”字九條本、内野本、足利本、上影本、上八本作“㪨”。

按:《説文》:“敢，進取也。从𠬪、古聲。𢽿，古文敢。”寫本隸古定“敢”源於《説文》小篆，而“㪨”字當源於《説文》古文的訛變，“敢”字通行後兩字不再沿用。另外需要説明的是，當今通行的各類專業型、大型工具書中“㪨”字未見收録，而此字寫本《尚書》中習見，當據補。

9. 奧—衡

《舜典》:“在璿璣玉衡，以齊七政。”“衡”字内野本、足利本、上影本作“奧”。《舜典》:“協時月正日，同律度量衡。”“衡”字敦煌伯 3315、内野本作“奧”。《禹貢》:“岷山之陽，至於衡山，過九江，至於敷淺原。”“衡”字敦煌伯 5522、九條本、内野本、足利本、上影本、上八本作“奧”。

按:《說文》:“衡，牛觸。横大木其角。从角、从大，行聲。《詩》曰：設其楅衡。奧，古文衡如此。”“奧”本從大、從角會意，後加聲符“行”改造爲形聲字，“奧”遂不再使用。

10. 莀—農

《盤庚》:“若服田力穡，乃亦有秋。”“農”字上元本作“莀”。《盤庚》:“乃不畏戎毒於遠邇，惰農自安，不昬作勞，不服田畝，越其罔有黍稷。”“農”字敦煌伯 2643、岩崎本、上元本作“莀”。《洪範》:“次三曰農用八政。”“農”字上八本作“莀”。《酒誥》:“圻父薄違，農父若保，宏父定辟，矧汝剛制于酒。”“農”字九條本作“莀”。

按:《玉篇》:“莀，古文農。”與是甲骨文“農”字的兩個異體，分别像手持“辰”這種工具除去草和除去林木的形狀，可以隸定爲“莀”或者“辳”，它們是“農”的初文。[①]“農”字通行後，早期的會意字形不再使用。

11. 𢇍—絶

《甘誓》:“言有扈氏威侮五行，怠棄三正，天用剿絶其命。”“絶”字敦煌伯 2533、九條本、内野本、足利本、上影本、上八本作“𢇍”。《盤庚》:“永敬大恤，無胥絶遠。”“絶”字敦煌伯 3670、敦煌伯 2743、岩崎本、内野本、上元本作“𢇍”。《西伯戡黎》:“非先王不相我後人，惟王淫戲用自絶。”“絶”字敦煌伯 2516、敦煌伯 2643、岩崎本、内野本、上

① 李學勤編《字源》，天津古籍出版社，2013，第 207 頁。

元本作“㡭”。

按:《説文》:“絶，斷絲也。从糸、从刀、从卩。㡭，古文絶，象不連體絶二絲。”“㡭”字的這種用法在出土文獻中比較常見,《上博·孔子詩論》:“北風不絶。”《上博·緇衣》:“輕絶貧賤，而重絶富貴，則好仁不堅，而惡惡不著。”兩處簡文“絶”字均作“㡭”。“絶”字通行後,“㡭”字便不再使用。

12. 䠶—射

《盤庚》:“予告汝於難，若射之有志。”“射”字敦煌伯 2643、敦煌伯 3670 均作“䠶”。《秦誓》:“射御不違，我尚不欲。”“射”字敦煌伯 3871、九條本、内野本作“䠶”。

按:《説文》:“䠶，弓弩發於身而中於遠也。从矢、身。射，篆文从寸。寸，法度也，亦手也。”依《説文》體例,“射”字爲小篆，則“䠶”字爲古文,《玉篇·矢部》:“䠶，䠶弓，今作射。”亦可知“䠶”爲“射”字古文,“射”字通行後,“䠶”一般不再使用。

第二節　隸楷異文與寫本用字

與隸古定古文不同，隸楷異文既有對早期寫本用字現象的保留，同時還呈現出許多中古時期寫本用字的新特點，寫本中的異體字和通假字主要是對前代用字現象的保留，而其中的古今字異文則是因時代變化而將寫本用字不斷“當代化”的結果。

一　異體字

在古代尊經觀念的影響下，經書用字一般不會被輕易改動，特别是漢、魏時期石經刊立,《尚書》文字在兩次專門規範之後已基本趨於定形，因此，與同時期的其他寫本文獻相比,《尚書》用字相對穩定，因結構變化而新增的異體字異文數量不多，寫本所見爲數不多的異體字異文多由時代更早的古代寫本轉寫而來。

1. 叶—協

《堯典》:“百姓昭明，協和萬邦。”“協”字内野本、足利本、上影本作“叶”。《舜典》:“協時月正日，同律度量衡。”“協”字内野本、足利本、上影本作“叶”。《洪範》:“惟天陰騭下民，相協厥居。”“協”字内野本、足利本、上影本作“叶”。

按:“協和萬邦”,《論衡·齊世篇》引作“叶和萬邦”。《説文解字》:“協，衆之同和也。从劦、从十。叶，或从口。”徐鉉注云:“十，衆也。”叶、協同爲會意字，但造字理據不同，爲一字之異體。

2. 骸、鮌—鯀

《堯典》:“僉曰:‘於，鯀哉。’”“鯀”字敦煌伯3315作“骸”。《洪範》:“我聞在昔，鯀堙洪水，汩陳其五行。”“鯀”字島田本作“骸”，内野本、上影本作“鮌”。《洪範》:“鯀則殛死，禹乃嗣興，天乃錫禹《洪範》九疇，彝倫攸叙。”“鯀”字島田本作“骸”，内野本、上影本作“鮌”。

按:《説文》:“鯀，鯀魚也。从魚。系聲。”段注:“禹父之字，古多作骸、作骸。”故“骸”和“鯀”爲更换形符的形聲字。又“系”“玄”常形近通用，故“鯀”或更换聲符作“鮌”。

3. 鵃—驩

《堯典》:“驩兜曰。”“驩”字敦煌伯3315作“鵃”。《舜典》:“放驩兜於崇山，竄三苗於三危。”“驩”字敦煌伯3315、内野本、足利本、上影本作“鵃”。《皋陶謨》:“何憂乎驩兜，何遷乎有苗。”“驩”字内野本、足利本、上影本作“鵃”。

按：韓愈《遠遊聯句》:“開弓射鴅吺。”朱熹注引孫汝聽曰:“《史記》‘鴅吺’，即‘驩兜’字，古文《尚書》亦以‘驩兜’爲‘鴅吺’。”《集韻·桓韻》:“鴅吺，四凶之一，通作鴅，今作驩。”可知鴅、驩本一字之異體，因丹月形近，故鴅字又或訛從“月”作“鵃”。又《漢語大字典》“鵃”“鴅”均漏收兩字的此類用法，當據補。

4. 㺊—翼

《皋陶謨》:“惇叙九族，庶明勵翼，邇可遠在兹。”“翼”字内野本、足利本、上影本作“翍”。《益稷》:“予欲左右有民，汝翼。”“翼”字上影本作“翍”。

按:《玉篇・羽部》:“翍，同翼。”《廣韻・職韻》:“翐，古文。”“翍”乃“翐”字之訛，因戈、弋形近常常混用，故本從羽、弋聲的“翐”字又或從“戈”作“翍”，故翍和翼爲一字之異體。

5. 畂—畝

《盤庚》:“不昏作勞，不服田畝。”“畝”字上元本、足利本、上影本作“畂”。《大誥》:“予曷敢不終朕畝。”“畝”字上影本作“畂”。

按:《説文・田部》:“畮，六尺爲步，步百爲畮。从田、每聲。畝，畮或从田、十、久。臣鉉等曰：十,四方也，久聲。”又《漢隸字源・厚韻》:“畂，亦作畮。”故知寫本《尚書》“畂”爲“畝”的訛變字形。

6. 罸、罰—罰

《盤庚》:“邦之不臧，惟予一人有佚罰。”“罰”字敦煌伯 2643、敦煌伯 3760、岩崎本、足利本、上影本、上八本作“罸”，上元本作“罰”。《牧誓》:“今予發惟恭行天之罰。”“罰”字敦煌斯 799、足利本、上影本、上八本作“罸”，神田本作“罰”。《多方》:“我則致天之罰。”“罰”字敦煌伯 2630、敦煌斯 2074、九條本作“罸”。又《多方》:“乃大降罰。”“罰”字敦煌斯 2074 作“罰”。

按:《説文》:“罰，辠之小者。从刀、从詈。”“罰”或更换意義相關的形符作“罸”。殆因部件“力”和“刀”形近，故“罰”又訛從“力”作“罰”。

7. 勛—勳

《堯典》:“帝堯曰放勳。”“勳”字敦煌伯 3015 作“勛”。《堯典》:“我文考文王克成厥勳。”“勳”字敦煌伯 3015、足利本、上影本、上八本作“勛”。《大禹謨》:“其克有勳。”敦煌伯 3015、足利本、上影本、上八本作“勛”。

按:《説文》:“勳，能成王功也……勛，古文勳从員。”段玉裁《撰異》云:“壁中故書作‘勛’，孔安國、庸生乃易爲‘勳’，許君存壁中書之舊。”

《史記·三代世表》及諸書引《中侯》作"勛"，謂今文亦作"勛"。

二　通假字

通假字主要見於隸變之前的古文字階段，東漢以後開始衰落。本小節所討論的通假字異文雖是隸楷字形，但這些通假字並非産生於寫本生成的時期，而是對歷代各類傳本通假用法的因襲和傳承。

1. 畯—俊

《堯典》："克明俊德。""俊"字内野本作"畯"。《洪範》："俊民用微。"島田本、内野本作"畯"。《多士》："爾先祖成湯，革夏俊民。""俊"字内野本、上八本作"畯"。《立政》："乃用三有宅，克即宅，曰三有俊，克即俊。"前一"俊"字敦煌斯2074、九條本、内野本、上影本、上八本作"畯"，後一"俊"字各本則從"人"不從"田"。

按:《經典釋文》云:"'畯'本又作'儁'，皆古'俊'字。"清吴大澂《説文古籀補》:"古'畯'字從田從允，與'俊'通。《盂鼎》:'畯正乃民。'"故知寫本《尚書》"畯"字爲"俊"的通假字。

2. 邕—雍

《堯典》："黎民於變時雍。""雍"字内野本、足利本、上影本作"邕"。《禹貢》："黑水西河惟雍州。""雍"字敦煌伯3615、九條本、内野本、足利本、上影本、上八本作"邕"。《無逸》："其惟不言，言乃雍。"敦煌伯2748作"邕"。

按：邕、雍同爲影母東部，聲韻皆同，故可通假。清徐灝《説文解字注箋·川部》："邕、雝古字通，雝，隸作雍。"《晉書·桑虞傳》："虞五世同居，閨門邕穆。"亦借"邕"爲"雍"。

3. 耐—能

《堯典》："下民其諮，有能俾乂。""能"字敦煌伯3315作"耐"。《堯典》："汝能庸命巽朕位。""能"字敦煌伯3315作"耐"。《舜典》："柔遠能邇，惇德允元，而難任人，蠻夷率服。""能"字敦煌伯3315作"耐"。

按：耐，泥母之部；能，泥母之部，兩字聲韻皆同，故"耐"可以假借爲“能”。《集韻・登韻》:“能，或作耐。”《禮記・禮運》:“故聖人耐以天下爲家。”鄭玄注:“耐，古能字。”

4. 卑—俾

《堯典》:“下民其諮，有能俾乂。”“俾”字敦煌伯3670作“卑”。《盤庚》:“承汝俾汝。”“俾”字敦煌伯3670、敦煌伯2743、上元本作“卑”。《牧誓》:“俾暴虐於百姓。”“俾”字敦煌斯799、神田本作“卑”。

按:《説文》:“俾，益也。从人卑聲。一曰：門侍人。”段玉裁注:“古或假卑爲俾。”因俾從卑得聲，故寫本以“卑”假借爲“俾”。《詩・小雅・菀柳》:“俾予靖之。”陸德明《經典釋文》:“俾，本又作卑。”《左傳・襄公十一年》:“俾失其民。”陸德明《經典釋文》:“俾，本又作卑。”

5. 龔—恭

《舜典》:“濬哲文明，温恭允塞，玄德升聞，乃命以位。”“恭”字内野本、足利本、上影本均作“龔”。《甘誓》:“左不攻于左，汝不恭命；右不攻于右，汝不恭命。”“恭”字敦煌伯2533、内野本、足利本、上影本、上八本作“龔”。《牧誓》:“今予發惟恭行天之罰。”“恭”字敦煌斯799、内野本、足利本、上影本、上八本作“龔”。

按：因龔、恭均從“共”得聲，兩字同聲符，故“龔”可以假借爲“恭”。桂馥《説文解字義證》:“龔，經典又借恭字。”又今本《君奭》:“在我後嗣子孫，大弗克恭上下。”“恭”字三體石經作“龔”，可證“龔”可以假借爲“恭”是淵源有自的。

6. 粤—越

《君奭》:“弗永遠念天威，越我民；罔尤違，惟人。”“越”字内野本、上八本作“粤”。《酒誥》:“庶士有正，越庶伯君子。”“越”字内野本、足利本、上影本作“粤”。《召誥》:“越翼日戊午。”“越”字内野本、足利本、上影本作“粤”。

按:《説文》:“粤，于也。審慎之詞者。《周書》曰：粤三日丁亥。”不僅《説文》所引《召誥》“越”字作“粤”，今本《尚書》“越”字寫本作“粤”的字例也有很多。王引之《經傳釋詞》卷二:“‘粤，于也’，字亦作‘越’。”[①] 越、粵均爲匣母月部，故古書多通假。又今本《大誥》：“猷！大誥爾多邦，越爾御事。”“越”字三體石經作“粵”，可證粵、越通用是古已有之的。

7. 繇—由

《盤庚》：“肆予沖人，非廢厥謀，吊由靈格。”“由”字敦煌伯2516、敦煌伯2643、岩崎本、内野本、上元本、足利本、上影本、上八本均作“繇”。《康誥》：“别求聞由古先哲王，用康保民，弘于天若。”“由”字内野本、足利本、上影本、上八本作“繇”。《顧命》：“太史秉書，由賓階隮，御王册命。”“由”字内野本、觀智院本作“繇”。

按：朱駿聲《説文通訓定聲·孚部》：“繇，假借爲由。”由，余母幽部；繇，余母宵部，聲同韻近，故繇、由通用。此種情況不僅在傳世文獻和出土文獻中比較常見，在寫本《尚書》中也有非常多的例證。

8. 柬—簡

《堯典》：“剛而無虐，簡而無傲。”“簡”字敦煌伯3315作“柬”。《盤庚》：“予其懋簡相爾。”“簡”字敦煌伯2516、敦煌伯2643、岩崎本、内野本、上元本、足利本、上影本、上八本作“柬”。《多士》：“天惟式教我用休，簡畀殷命，尹爾多方。”“簡”字敦煌斯2074、九條本、内野本、足利本、上影本、上八本作“柬”。

按：《集韻》：“柬，或從手，通作簡。”《爾雅·釋詁》：“簡，擇也。”邢昺疏：“柬，簡音義同。”《説文通訓定聲》：“柬，假借爲簡。”寫本《尚書》中“柬”字均假借爲“簡”。又《文侯之命》：“簡恤爾都。”“簡”字三體石經古文作“柬”，可證寫本《尚書》“柬”字的用法是古已有之的。又上博簡《柬大王泊旱》中的“柬大王”傳世文獻作“楚簡王”，亦是“柬”與“簡”相通的例證。

9. 詞—辭

《大誥》：“天棐忱辭，其考我民，予曷其不于前寧人圖功攸終？”“辭”字内野本作“詞”。《洛誥》：“惇大成裕，汝永有辭。”“辭”

① （清）王引之：《經傳釋詞》，岳麓書社，1984。

字敦煌伯 2748、内野本作“詞”。《多士》:“凡四方小大邦喪，罔非有辭於罰。”“辭”字敦煌伯 2748、内野本、上八本作“詞”。

按：詞、辭均爲邪母之部，兩字聲韻皆同，故寫本借“詞”爲“辭”。又《周禮·秋官·大行人》:“協辭命。”鄭玄注:“故書‘協辭命’作‘叶詞命’。鄭司農云:‘詞，當爲辭。’”

10. 柏—伯

《多士》:“越惟有胥伯，小大多正。”“伯”字敦煌斯 2074、九條本作“柏”。《立政》:“王左右常伯、常任、準人、綴衣、虎賁。”“伯”字敦煌斯 2074、敦煌伯 2630、九條作本“柏”。《吕刑》:“伯父、伯兄、仲叔季弟、幼子、童孫，皆聽朕言，庶有格命。”“伯”字岩崎本作“柏”。

按:《説文·木部》段玉裁注:“柏，古書多假借爲伯。”《左傳·定公四年》:“蔡侯以吴子及楚人戰於柏舉。”洪亮吉詁:“《公羊》作‘伯莒’;《穀梁》作‘柏舉’;《淮南》作‘柏舉’。古字並通。”柏、伯同從“白”得聲，故寫本以“柏”爲“伯”。

11. 翌—翼

《武成》:“越翼日癸巳，王朝步自周。”“翼”字敦煌斯 799、神田本、内野本、足利本、上影本、上八本均作“翌”。《大誥》:“今蠢，今翼日，民獻有十夫。”“翼”字内野本、足利本、上影本、上八本均作“翌”。

按:《爾雅·釋言》:“翌，明也。”郝懿行義疏:“《書》‘王翼日乃瘳’，郭引‘翼’作‘翌’。‘越翼日癸巳’《漢書·律曆志》作‘若翌日癸巳’。”清朱駿聲《説文通訓定聲·頤部》:“翼，假借爲翌，實爲昱。”《群經平議·尚書三》:“今翼日。”俞樾按:“翼，本作翌，衛包改作翼。”

三　古今字

爲了便於理解和識讀，文獻用字通常會因時代的不同而發生字形的更替，字形的更替或歸因於古今形體的演變，或與字義的分化息息相關，由於古字所承擔的意義較多，於是新造後起的、區別於古字形體的今字，由今字分擔古字中的部分意義。對於寫本《尚書》異文來説寫本往往用古字，而今本用今字。具體而言，寫本《尚書》用古字，今本使用的今字往往以古字爲基礎，並加上有表意作用的形符，這類古今字在寫本《尚書》異文中占據多數。

1. 褱—懷

《舜典》："湯湯洪水方割，蕩蕩懷山襄陵。""懷"字敦煌伯3315、内野本作"褱"。《禹貢》："覃懷厎績，至於衡漳。""懷"字足利本、上影本、上八本作"褱"。《盤庚》："先王不懷厥攸作。""懷"字敦煌伯3670、岩崎本、上元本、上八本作"褱"。《盤庚》："予丕克羞爾，用懷爾然。""懷"字敦煌伯3670、岩崎本、内野本、上元本、上八本作"褱"。

按：《説文》："褱，俠也。"段注："俠當作夾……今人用懷挾字。古作褱夾。"故寫本"褱"爲今本"懷"的古字。《漢書·地理志》："懷山襄陵。"顔師古注："'褱'字與'懷'字同。懷，包也。"

2. 才—哉

《堯典》："僉曰：於。鯀哉。""哉"字敦煌伯3315、内野本、足利本、上影本均作"才"。《舜典》："食哉惟時，柔遠能邇。""哉"字敦煌伯3315、内野本、足利本、上影本作"才"。《洛誥》："乃時惟不永哉。""哉"字敦煌斯6017、内野本、上八本作"才"。

按：王筠《説文句讀》："夏侯湛《兄弟誥》'惟正月才生魄'，《尚書》作'哉'，因亦借爲語詞。《書》'往哉汝諧'，《張平子碑》'哉'作'才'。《列子》'遊於四方而不歸者何人哉'，殷敬順本'哉'作'才'。"① 古多借"才"爲"哉"，"哉"字出現後，語氣詞遂用"哉"而不用"才"。又今本《無逸》："無若殷王受之迷亂，酗於酒德哉!""哉"字石經古文作"才"，亦可證寫本"才"字的此類用法是淵源有自的。

3. 旉—敷

《舜典》："敷奏以言，明試以功，車服以庸。""敷"字敦煌伯3315、内野本作"旉"。《禹貢》："篠簜既敷，厥草惟夭，厥木惟喬。""敷"字

① （清）王筠：《説文解字句讀》，中華書局，1988，第220頁。

敦煌伯 3615、岩崎本、内野本、足利本、上影本、上八本作“旉”。《金縢》：“敷佑四方。”“敷”字清華簡、内野本、島田本作“旉”。

按：《篇海》：“旉，古文敷字。”《漢書・禮樂志》：“朱明盛長，旉與萬物。”顏師古注：“旉，古敷字。”“旉”爲“敷”之古字，此類用法大型辭書中用例不多，然寫本《尚書》中用例較多，可據補。

4. 哥—歌

《舜典》：“詩言志，歌永言，聲依永，律和聲。”“歌”字敦煌伯 3315、内野本、足利本作“哥”。《五子之歌》：“五子咸怨，述大禹之戒以作歌。”“歌”字敦煌伯 2533、九條本、内野本、上八本作“哥”。

按：《説文・可部》：“哥，古文以爲訶字。”段玉裁注：“《漢書》多用哥爲歌。”徐灝注箋：“哥，歌，古今字。”《廣韻・歌韻》：“歌，古作哥字。”故今本“歌”寫本作“哥”，爲古字。

5. 昜—陽

《禹貢》：“既修太原，至於岳陽。”“陽”字敦煌伯 3615、内野本、上八本作“昜”。《禹貢》：“厥貢惟土五色，羽畎夏翟，嶧陽孤桐。”“陽”字敦煌伯 3615、内野本作“昜”。《禹貢》：“鼓蠡既豬，陽鳥攸居。”“陽”字敦煌伯 3615、岩崎本、内野本、足利本、上影本、上八本作“昜”。

按：《説文》：“昜，開也。”段注：“此陰陽正字也。陰陽行而侌昜廢矣。”《漢書・地理志》：“傅昜山，傅昜川在南。”顏師古注：“昜，古陽字。”《漢書・地理志》：“曲昜。”顏師古注：“昜，古陽字。”

6. 韋—違

《臯陶謨》：“予違，汝弼，汝無面從，退有後言。”“違”字内野本、足利本、上八本作“韋”。《盤庚》：“非敢違卜，用宏兹賁。”“違”字敦煌伯 2516、敦煌伯 2613、岩崎本作“韋”。《無逸》：“民否則厥心違怨，否則厥口詛祝。”“違”字敦煌伯 3767、敦煌伯 2748 作“韋”。

按：商承祚《説文中之古文考》：“（甲骨文）象兩人相背行，又象兩足有揆隔，乃違本字也。後借爲皮韋字，而出違代韋，本義廢矣。”[①]古

① 商承祚：《説文中之古文考》，上海古籍出版社，1988，第 55 頁。

“韋”字亦有“違背”之意，故今本“違”寫本作“韋”。又今本《無逸》“否則厥心違怨”，三體石經作“韋”，與此同。

7. 女—汝

《康誥》:“汝丕遠惟商耇成人。”“汝”字内野本、足利本、上八本作“女”。《康誥》:“用其義刑義殺，勿庸以次汝封。”“汝”字内野本、足利本、上影本作“女”。《無逸》:“小人怨汝詈汝。”“汝”字敦煌伯3767、敦煌伯2748、内野本作“汝”。

按:《集韻・語韻》:“女，爾也。通作汝。”故今本“汝”寫本作“女”，爲古字。又《無逸》:“小人怨汝詈汝。”魏石經作“女”。《盤庚》:“汝不憂朕心之攸困。”漢石經作“女”，或可據此推測，古“女”字今作“汝”，或爲衛包所改。

8. 寍—寧

《盤庚》:“兹猶不常寧。”“寧”字岩崎本、上元本作“寍”。《多士》:“非我一人奉德不康寧。”“寧”字敦煌伯2748、内野本、上影本、上八本作“寍”。《多士》:“爾乃尚有爾土，爾乃尚寧幹止。”“寧”字敦煌伯2748、内野本、上影本、上八本作“寍”。《君奭》:“我亦不敢寧于上帝命，弗永遠念天威。”“寧”字内野本、上八本作“寍”。

按:《説文》:“寍，安也。从宀，心在皿上。人之飲食器，所以安人。”段玉裁注:“此安寧正字。今則寧行而寍廢矣。”《玉篇・宀部》:“寍，安也。今作寧。”

9. 右—佑

《金縢》:“乃命于帝庭，敷佑四方。”“佑”字内野本、上八本作“右”。《君奭》:“天惟純佑命則，商實百姓、王人，罔不秉德明恤。”“佑”字敦煌伯2748、内野本作“右”。《君奭》:“亦惟純佑秉德。”“佑”字敦煌伯2748、内野本、上八本作“右”。

按:《説文》:“右，助也。从口、从又。”段玉裁注:“又者手也。手不足。以口助之。故曰助也。今人以左右爲𠂇又字。則又製佐佑爲左右字。”故今本“佑”字寫本作“右”，爲其古字。又今本《君奭》“天惟純佑命”，“佑”字三體石經作“右”，與此同。

10. 鑒—監

《梓材》：“王啓監，厥亂爲民。”“監”字内野本、足利本、上影本作“鑒”。《酒誥》：“人無於水監，當於民監。”“監”字内野本、足利本作“鑒”。《召誥》：“亦不可不監於有殷。”“監”字上影本作“鑒”。

按：《詩・大雅・蕩》：“殷鑒不遠。”王先謙《三家義集疏》：“魯鑒作監。”《經籍籑詁・陷韻》：“《詩・文王》‘宜鑒於殷’，《禮記・大學》作‘儀監於殷。’《蕩》‘殷鑒不遠’，《漢書・杜欽傳》作‘殷監不遠’。”《干禄字書・平聲》：“鑑，同鑒。”《唐石經》：“鑑，同鑒。”可見，監、鑒、鑑爲一字之異體，而“鑒”字在唐代前後較爲通行，故寫本《尚書》以“鑒”爲“監”。

另有一部分古今字産生的原因則是由於古字表義過多，於是造新字形或借用已有字形分化古字的部分職能從而實現文字職能的轉移和重新調整，在這種情況下，古字與今字形體通常没有聯繫。

11. 誼—義

《皋陶謨》：“簡而廉，剛而塞，强而義。”“義”字内野本、足利本、上影本作“誼”。《高宗肜日》：“惟天監下民，典厥義。”“義”字敦煌伯2516、敦煌伯2643、岩崎本、内野本、上元本、上八本作“誼”。《文侯之命》：“父義和。”“義”字九條本、内野本、足利本、上影本、上八本作“誼”。《康誥》：“用其義刑義殺，勿庸以次汝封。”“義”字内野本、足利本、上影本作“誼”。

按：《説文・言部》：“誼，人所宜也。从言，宜聲。”段玉裁注：“誼、義，古今字。周時作誼，漢時作義，皆仁義字也。”考察先秦兩漢出土文獻，周時作“誼”，漢時作“義”並非全然正確，然段氏謂誼、義爲古今字於《尚書》用字中則可得到證明。

12. 畏—威

《皋陶謨》：“天明威，自我民明威。”“威”字内野本、足利本、上影本、上八本作“畏”。《甘誓》：“有扈氏威侮五行。”“威”字敦煌伯

5543、敦煌伯2533、内野本、足利本、上影本、上八本作“畏”。《盤庚》:“予豈用汝威?”“威”字敦煌本、内野本作“畏”。《君奭》:“亦惟純佑秉德，迪知天威。”“威”字九條本、内野本、上影本、上八本作“畏”。《君奭》:“其汝克敬以予監於殷喪大否，肆念我天威。”“威”字敦煌伯2748、九條本、内野本、上八本作“畏”。

按：段玉裁《古文〈尚書〉撰異》:“古畏、威通用。畏之曰畏，可畏亦曰畏。”《尚書·吕刑》:“雖畏勿畏。”蔡沈《書集傳》注:“畏、威古通用。”後來，兩字用法分工，畏之曰畏，可畏曰威，故古本作“畏”，今本作“威”。又《君奭》“迪知天威”，三體石經作“畏”;《大誥》“予不敢閉于天降威用”，漢石經作“畏”，皆與此同。

13. 仄—側

《堯典》:“明明揚側陋。”“側”字内野本、足利本、上影本作“仄”。《洪範》:“無反無側，王道正直。”“側”字島田本、内野本、上八本作“仄”。《洪範》:“人用側頗僻，民用僭忒。”“側”字島田本、内野本、上八本作“仄”。

按:《周禮·考工記·車人》:“行山者，仄輮。”鄭玄注:“故書‘仄’爲‘側’。”《爾雅·釋水》:“穴出仄也。”陸德明《釋文》:“仄，本亦作側。”《漢書·汲黯傳》:“仄目而視矣。”顏師古注:“仄，古側字。”故仄、側古今字，今本“側”字寫本作“仄”，爲古字。

總之，無論隸古定還是隸楷異體字，寫本與今本之間的用字差異多是當時用字習慣的體現。雖然不同寫本因抄寫時間或抄手不同用字有所差異，甚至在同一寫本中也常常出現文字用法並不完全統一的現象，但通過對寫本《尚書》用字進行全面調查，不難看出，寫本《尚書》中不存在超出古人書寫習慣之外的用字現象。因此，《尚書》文本用字雖然代有更替，然而若考慮到其抄寫的歷史階段，則無不是符合當時書寫用字習慣的常見用法，而各類文本間的用字更替，也是爲了適應語言文字的不斷發展而做出的合理調整。

第五章　異文與文本校注

近年來，隨着簡牘、帛書等地下文獻的陸續出土，許多傳世古書的早期寫本時有發現，爲糾正這些古書在傳抄過程中所發生的訛誤提供了直接證據。清代樸學大師以漢碑爲據校訂古代典籍在漢代發生的字形訛誤，二十世紀古文獻新證學者利用先秦出土古文字材料校讀傳世典籍，不僅更加注重同時期的字形材料，而且視野也從秦漢拓展到先秦，爲傳統的典籍校讀開闢了一條全新的發展道路。[①]同樣，書寫於中古時期的各類古寫本亦可爲校正《尚書》文本在流傳過程中發生的字形訛誤，提供直接的證據。不僅如此，各類寫本《尚書》異文還可以與各類古注相互對照，從而借以評價各類注本之正誤得失。

第一節　異文與文本校讀

一

《盤庚》："乃祖先父丕乃告我高后曰：作丕刑於朕孫。"今本"乃祖先父"，敦煌伯 2516、敦煌伯 2643、上元本亦作"乃祖先父"，與今本同；上八本作"迺祖先父"；岩崎本作"乃祖先父"，並於旁邊注"乃"字；内野本、足利本、上影本作"迺祖迺父"，並於第二個"迺"旁加注"先"字；唐石經、北大圖書館藏宋刻本、國家圖書館藏宋兩浙東路茶鹽司刻本作"乃祖先父"。

① 馮勝君：《二十世紀古文獻新證研究》，齊魯書社，2006，第 43 頁。

自唐石經刊立以來，各本均作“乃祖先父”，僅明毛晉汲古閣刻本“先父”作“乃父”。阮元校勘記曰：“唐石經、《纂傳》同，毛本‘先父’作‘乃父’，陸氏曰‘我高后，本又作乃祖乃父’。按，段玉裁云：‘别本是也。當“乃祖乃父丕乃告”句絶，“乃祖乃父曰作丕刑於朕孫”句絶，“迪高后丕乃崇降不詳”句絶’。曰詳《尚書撰異》。”[①] 段玉裁以《經典釋文》爲據指出唐以來各本的“乃祖先父”應當作“乃祖乃父”，然而陸德明的説法並不是直接證據，並且“我高后又作乃祖乃父”在音義及情理上很難講通，因此《校勘記》雖然引述了兩家的説法，但是並没有給出傾向性的意見，阮刻本《十三經注疏》仍作“乃祖先父”。

再看寫本《尚書》異文的分布情況，敦煌伯 2643 可以確定抄寫於唐肅宗乾元二年（759），敦煌伯 2516“民”字缺筆，可以據此推定是唐高宗以後的寫本。[②] 兩種唐寫本均作“乃祖先父”，且孔穎達《正義》他處經文“乃祖乃父”均作“汝父祖”，而獨於此處作“汝先祖先父”，可以據此推定，“乃祖先父”在當時應該是比較通行的寫法，唐石經以“乃祖先父”上石似無不妥。然而我們在整理寫本異文時還發現了一種有趣的現象：岩崎本作“先”字，並旁注“乃”字；與此相反内野本、足利本、上影本均作“迺”字，並旁注“先”字。這種於經文旁特别注明異文的現象在各類《尚書》寫本中並不多見，或可從另一個側面説明“乃祖先父”和“乃祖乃父”兩種説法大概在寫本生成的時代均比較通行且具有相當的影響。然而在今天看來，似乎應以“乃祖乃父”爲是，除了段氏之説和版本異文之外，孔安國的解釋或可作爲另一個重要的證據，孔氏於此解釋説：“言汝父祖見汝貪而不忠”，我們認爲孔傳以“父祖”並稱，或可據此推測，其所據經文可能是作爲並列結構的“乃祖乃父”。

二

《仲虺之誥》：“肇我邦予有夏，若苗之有莠，若粟之有秕。”阮元

① （清）阮元校刻《十三經注疏》，中華書局，1980，第 170 頁。
② 張涌泉：《敦煌經部文獻合集》，中華書局，2008，第 229 頁。

《校勘記》:“各本‘予’作‘于’，按作‘予’字誤也。”

今檢各類寫本如九條本、内野本、足利本、上影本、上八本等均作“于”，唐石經、北大圖書館藏宋刻本、國家圖書館藏宋兩浙東路茶鹽司刻本、明毛氏汲古閣本亦作“于”，阮刻《十三經注疏》作“予”，當今通行的不少《尚書》讀本皆以《十三經注疏》本爲據作“予”，似應以“肇我邦于有夏”爲宜。

三

《禹貢》:“大行、恒山，至於碣石，入於海。”“大”字敦煌伯3619、内野本、足利本、上影本、上八本作“太”，唐石經、北京大學圖書館藏宋刻本、宋兩浙東路茶鹽司刻本以及明毛氏汲古閣本亦均作“太”，北大本十三經據《釋文》改爲“太”[1]，檢各種古寫本及早期刻本均作“太”，可以進一步印證《釋文》確有所據，北大本《尚書正義》的校改不誤。

四

《湯誥》:“尚克時忱，乃亦有終。”“亦”字足利本作“亓”、上影本作“亓”，上八本作“亦”，旁注爲“‘其’字古文”。阮校:“古本‘亦’作‘亓’，山井鼎曰:‘亓，古其字。’按:‘亦’與‘亓’形近相似而誤，當作‘亦’。”[2]檢寫本《尚書》隸古定古文“亓”字作亓（敦煌·盤庚）、亓（岩崎·盤庚），字形頂端的横畫變爲點作亣（敦煌·盤庚）、亣（内野·堯典），又訛變爲亦（内野·湯誓），從而與“亦”字相混，故寫本或以“亓”爲“亦”字。

《畢命》:“公其惟時成周，建無窮之基，亦有無窮之聞。”足利本、上影本均作“公其惟時成周，建無窮之基，其有無窮之聞”，並於“其”字旁加注“亦”字，可見古人又因“亓”而誤改爲“其”。阮校:“亦，古本作其。”足利本、上影本所載異文恰可印證阮元《校勘記》的説法。

---

① 《十三經注疏·尚書正義》，北京大學出版社，2000，第158頁。

② （清）阮元校刻《十三經注疏》，中華書局，1980，第167頁。

五

《多士》:“又曰時予，乃或言，爾攸居。”阮元《校勘記》:“唐石經‘或’下本有‘誨’字，後磨改。”[1]今所見敦煌伯2748“或”字之後有“誨”字，與唐石經同。敦煌伯2748“基”字缺筆，大體可以推定其抄寫年代必在玄宗以後。[2]可見唐石經最初刻“誨”字上石並非無據可依，至少在當時的確有不少寫本作“乃或誨言”，而孔傳對於此處經文的解釋是:“言汝衆當是我，勿非我。我乃有教誨之言，則汝所當居行。”[3]由此可見孔傳亦以有“誨”字立言的，依孔傳的解釋，此處敦煌本優於今本，當以敦煌本爲是。

六

《臯陶謨》:“天秩有禮，自我五禮有庸哉。”陸德明《經典釋文》:“‘有庸’，馬本作‘五庸’。”[4]阮校按:“疏云‘上言五惇，此言五庸’，疑孔氏所見本亦作‘五庸’，與馬本同。”[5]今所見内野、足利、上影、上八等寫本《尚書》均作“五庸”，無一處作“有庸”的例證，可見在寫本盛行的時代，“五庸”是常見而又通用的寫法。又寫本《尚書》“有”字古文作(敦煌·堯典)、(内野·堯典)、(足利·伊訓)，“五”字古文作(敦·禹貢)、(敦煌·舜典)、(敦煌·舜典)，兩字形近極易相混，因此寫本“五庸”今本作“有庸”很可能是由於形近而誤。又同篇“天叙有典，敕我五典五惇哉”，陸德明《經典釋文》:“‘有典’，馬本作‘五典’。”[6]與此處“有庸”作“五庸”同。

① (清)阮元校刻《十三經注疏》，中華書局，1980，第226頁。

② 張涌泉:《敦煌經部文獻合集》，中華書局，2008，第313頁。

③ (清)阮元校刻《十三經注疏》，中華書局，1980，第221頁。

④ (唐)陸德明:《經典釋文》，上海古籍出版社，1984，第151頁。

⑤ (清)阮元校刻《十三經注疏》，中華書局，1980，第140頁。

⑥ (唐)陸德明:《經典釋文》，上海古籍出版社，1984，第151頁。

七

《召誥》:“天迪從子保，面稽天若，今時既墜命。”内野本、足利本、上影本“面”前均有“禹”字之古文，唐石經前則無“禹”字，北大圖書館藏宋刻本、宋兩浙東路茶鹽司刻本及明毛氏汲古閣本亦無“禹”字。阮元《校勘記》:“古本‘面’上有‘禼’。按‘禼’乃‘禽’之訛，即古文‘禹’字也，與傳合。”[①]孔傳曰:“夏禹能敬德，天道從而子安之。禹亦面考天心而順之，今是桀棄禹之道，天已墜其王命。”[②]由此可見，寫本《尚書》與孔傳解釋更加貼合，寫本優於今本，此處經文應以“面”前有“禹”字爲宜。

八

《多方》:“洪惟天之命。”阮元《校勘記》:“諸本‘天’上有‘圖’字，此誤脱也。”[③]今所見敦煌斯 2074、九條本、内野本、足利本、上影本、上八本均作“洪惟圖天之命”，唐石經亦作“洪惟圖天之命”，北大圖書館藏宋刻本、宋兩浙東路茶鹽司刻本及明毛氏汲古閣本亦同各類《尚書》寫本，故知經文脱“圖”字，當據寫本及唐石經作“洪惟圖天之命。”

第二節　異文與古注互證

一　以寫本異文證陸氏《經典釋文》

唐陸德明所撰《經典釋文》爲古代非常重要的音義書，書中不僅爲經傳作音義，考訂字音，以音顯義，還搜集了大量前代或當時的異音異

① （清）阮元校刻《十三經注疏》，中華書局，1980，第 218 頁。
② （清）阮元校刻《十三經注疏》，中華書局，1980，第 216 頁。
③ （清）阮元校刻《十三經注疏》，中華書局，1980，第 233 頁。

文，是一部異音異文資料的彙編。[①] 除了搜集異音、異訓、異文外，《經典釋文》中還保存了不少版本校勘内容，爲後人瞭解古籍版本内容保留了極有價值的材料，其中很多和古寫本《尚書》在内容上有不少契合的地方，今舉數例以證明之。

1.《堯典》:“我文考文王，克成厥勳。”

《經典釋文》:“勳，馬云‘放勳’，堯名，皇甫謐同。一云‘放勛’，堯字。”今所見敦煌本、足利本、上影本、上八本作“勛”，與《經典釋文》相同。

2.《皋陶謨》:“天明威，自我民明威。”

《經典釋文》:“徐音‘威’，馬本作‘畏’。”“威”字内野本、足利本、上影本、上八本作“畏”，與《經典釋文》同。

3.《盤庚》:“世選爾勞，予不掩爾善。”

《經典釋文》:“掩，本又作弇。”今所見各《尚書》寫本如敦煌伯2643、敦煌伯3670、岩崎本、内野本、上元本作“弇”，與《經典釋文》同。

4.《微子》:“商其淪喪，我罔爲臣僕。”

《經典釋文》:“一本無臣字。”阮元《校勘記》:“按《説文》古本‘僕’字從‘臣’作‘蹼’，恐此是古本作‘蹼’，後折爲二字，《釋文》所云‘一本’是也。”今見古寫本《尚書》敦煌伯2516、敦煌伯2613、岩崎本都没有“臣”字，可證《經典釋文》與《校勘記》的説法。

5.《洪範》:“無偏無陂，遵王之義。”

《經典釋文》:“陂，音秘。舊本作‘頗’，音普多反。”《唐書·藝文志》:“開元十四年玄宗以《洪範》無‘頗’，聲不協，詔改爲‘無偏無陂’。”《困學紀聞》:“宣和六年詔《洪範》復從舊文，以‘陂’爲‘頗’，然舊未曾復舊也。”[②] 今見古寫本《尚書》如島田本、内野本、足

① （唐）陸德明:《經典釋文》，上海古籍出版社，1984。本節所引《經典釋文》中的文字皆出自此版本，不再一一注明。

② 《十三經注疏·尚書正義》，北京大學出版社，2000，第311頁。

利本、上影本、上八本均作“無偏無頗，遵王之義”，恰可印證《經典釋文》的觀點。

6.《多士》：“乃有不用我降爾命，我乃其大罰殛之。”

《經典釋文》：“‘殛’字本又作‘極’，即古本之所本。”阮校：“古本‘殛’作‘極’，按作‘極’，是。”由此可見，《校勘記》乃是據《經典釋文》所引異文對文本進行校改的，今所見敦煌斯 2074、九條本、足利本、上影本均作“極”，恰可證《經典釋文》和《校勘記》的説法。

7.《君奭》：“收罔勖不及，耇造德不降，我則鳴鳥不聞。”

《經典釋文》：“馬云：‘鳴鳥’謂‘鳳皇’也。本或作‘鳴鳳’者，非。”《尚書》敦煌本經文、注文皆作“鳴鳥”，内野本、足利本、上影本、上八本，經文作“鳴鳥”，注文作“鳴鳳”，而九條本經文、注文皆作“鳴鳳”。可印證《經典釋文》的説法。

8.《西伯戡黎》：“天曷不降威。大命不摯，今王其如台。”

《經典釋文》：“摯，音至，本又作勢。”敦煌伯 2516、敦煌伯 2643、岩崎本、上元本均作“勢”，恰可印證《經典釋文》的説法。

9.《伊訓》：“敷求哲人，俾輔於爾後嗣。”

《經典釋文》：“哲，本又作喆。”“哲”足利本、上八本均作“喆”，與《經典釋文》同。

10.《梓材》：“若作梓材，既勤樸斫，惟其塗丹雘。”

《經典釋文》：“梓，音子，本亦作杍，馬云古作‘杍’字。治木器曰梓，治土器曰陶，治金器曰冶。”《尚書》九條本、内野本、足利本、上影本“梓”字作“杍”，恰可印證《經典釋文》的説法。

二　以寫本異文證阮元《十三經注疏校勘記》

由阮元主持完成的《十三經注疏校勘記》[①]廣羅善本，以宋版十行本爲主，以其他宋版諸本以及明刊注疏本（閩本、監本、毛本）進行對校，

① （清）阮元：《十三經注疏校勘記》，《續修四庫全書》第 181 册據嘉慶十三年揚州阮氏文選樓刻本影印，上海古籍出版社，2002。

又以《經典釋文》、唐宋石經以及各經注本作爲經注文字的校勘材料，並備注各本之異同。由於阮元在主持校勘的過程中注重廣羅善本，並能延納學界精英，因此《十三經注疏校勘記》堪稱經典文本校訂的典範之作，迄今鮮少出其右者。今所見寫本之《尚書》異文多可證阮元《校勘記》的成果。需要加以説明的是，目前通行的《校勘記》有兩個版本系統，一是嘉慶十三年文選樓單刻本，一是嘉慶二十一年南昌府學合刻本，而以文選樓本《校勘記》較優，[①] 故本文所説的阮元《校勘記》主要指文選樓本而言，必要時亦參考南昌府學合刻本的内容，寫本《尚書》中有許多可印證阮元《校勘記》的異文，僅舉數例以證明之。

1.《堯典》:"乃命羲和，欽若昊天，曆象日月星辰，敬授人時。"

阮校:"按：唐以前引此句未有不作'民'者。疏云:'敬授下人以天時之早晚。''下人'猶'下民'也。知孔疏所據之本猶作'民'字，後人因疏作'人'，並經傳改之，自開成石經以後，沿訛至今。《舜典》"食哉惟時"傳曰'惟當敬授民時。'此未經改竄者。"

按:"人"字内野本、足利本、上影本、上八本均作"民"，可證此處文字誠如《校勘記》所言各本均作"民"。又《洛誥》:"其基作民明辟。"敦煌伯 2748 作"人"。《多士》:"成周既成，遷殷頑民。"敦煌伯 2748 作"人"。《梓材》:"以厥庶民暨厥臣。"九條本、内野本、足利本、上影本作"人"。可知，唐以前各本皆作"民"字，後因避李世民之諱而作"人"。

2.《舜典》:"輯五瑞。既月乃日，覲四嶽群牧，班瑞於群后。"

阮校:"'瑞'上古本有'五'字。"

按：此處唐石經作"班瑞"，北大圖書館藏宋刻本、宋兩浙東路茶鹽司刻本及明毛氏汲古閣本也作"班瑞"，顯然這些刻本中的"班瑞"皆源自唐石經，而内野本、足利本、上影本、上八本作"班五瑞"，則可證阮元《校勘記》的説法。

① 錢宗武:《論阮元〈十三經注疏校勘記〉兩個版本系統》,《揚州大學學報》2007 年第 1 期。

3.《皋陶謨》:“亦言其人有德，乃言曰，載采采。”

阮元《校勘記》云:“‘人’，唐石經無，與《史記·夏本紀》同。石經、元刻本有‘人’字，唐玄度覆定乃删‘人’字重刻，今注疏本則沿襲别本也。唐石經摩去重刻者多同於今本，此獨異於今本也。”

按：檢唐石經拓本作“亦言其有德”，而《尚書》内野、足利、上影、上八諸本皆作“亦言其人有德”，或許是阮元所認爲的“别本”，亦與今本同，可以證明阮氏之説的確有據可依。

4.《費誓》:“今惟淫舍牿牛馬，杜乃擭，敜乃穽，無敢傷牿。”

《經典釋文》:“杜，本又作敷。”阮校：按《説文》:“敷，閉也。从攴、度聲。讀若杜。”

按:“杜”字九條本、内野本、足利本、上影本、上八本作“敷”，可知《經典釋文》和阮元《校勘記》確有所據。

5.《仲虺之誥》:“徯予後，後來其蘇。”

阮元《校勘記》:“‘予’，古本‘予’作‘我’。”

按：唐石經作“予”，北大圖書館藏宋刻本、宋兩浙東路茶鹽司刻本及明毛氏汲古閣本也作“予”,《尚書》内野本、足利本、上影本、上八本均作“我”，恰可與阮元《校勘記》相互印證。

6.《君牙》:“夏暑雨，小民惟曰怨咨：冬祁寒，小民亦惟曰怨咨。”

阮元《校勘記》:“古本作‘日’，下同。”

按:《尚書》岩崎本、内野本、足利本、上影本、上八本作“日”，又上博簡、郭店簡亦皆作“日”，與阮元《校勘記》同。此處經文當以作“日”爲是，“日”作時間狀語，表示動作發生的頻率。

7.《咸有一德》:“伊尹既復政厥辟，將告歸，乃陳戒於德。”

阮元《校勘記》:“古本‘厥’作‘其’，下‘常厥德’同，按古本多以‘其’爲‘厥’，亦有以‘厥’爲‘其’者。”

按:“厥”字足利本、上影本作“其”，正可與《校勘記》互證。另外，寫本《尚書》中還有部分“厥”字作“其”的例證。如《皋陶謨》“允迪厥德，謨明弼諧。”“厥”字内野本、足利本、上影本作“其”。《大禹謨》:“人心惟危，道心惟微，惟精惟一，允執厥中。”“厥”字内野本、足利本、上影本、上八本作“其”。《太甲》:“欲敗度，縱敗禮，以速戾於厥躬。”“厥”字足利本、上影本、上八本作“其”。

8.《盤庚上》:“罰及爾身，弗可悔。”

阮元《校勘記》:“古本‘可’上有‘何’字，‘外’作‘及’，案‘及’是也。”

按:“弗可悔”岩崎本作“雖悔可及”，上元本於正文旁補“何”字，内野本、足利本、上影本、上八本作“雖悔何可及”，北大圖書館藏宋刻本、宋兩浙東路茶鹽司刻本作“雖悔可及乎”，故寫本《尚書》正與阮元《校勘記》的説法相同。北大本《十三經注疏・尚書正義》改作“雖悔可及”。[①]

9.《文侯之命》:“用賚爾秬鬯一卣，彤弓一，彤矢百，盧弓一，盧矢百，馬四匹。”

阮元《校勘記》:“古本‘盧’字並作‘玈’，傳同。按:《正義》中‘玈’字凡六見，且曰‘彤字從丹，旅字從玄，故彤赤，玈黑也’，據此則可知《尚書》經文傳文皆本作‘玈’。今經傳皆作‘盧’者，未知正義本、陸氏釋文本所據有異，抑陸氏本亦作‘玈’，天寶三載改作‘盧’，音義中‘玈’字爲宋開寶中所删。”

按:“盧”字九條本、内野本、足利本、上影本、上八本經文均作“玈”，傳文九條本作“盧”，其他諸種寫本均作“玈”，可與《校勘記》相互印證。

10.《康誥》孔序:“成王既伐管叔、蔡叔，以殷餘民封康叔，作《康誥》《酒誥》《梓材》。”

阮元《校勘記》:“古本‘封’上有‘邦’字。山井鼎曰:‘邦、封古或通用。注及疏意當作‘邦康叔’，‘封’字衍文。”

按：内野本作“邦康叔”，足利本、上影本、上八本作“邦封康叔”，

① 《十三經注疏・尚書正義》，北京大學出版社，2000，第235頁。

既然當今所見寫本《尚書》有“邦康叔”的寫法，那麽“邦封康叔”誠如《校勘記》所言，“封”字爲衍文。

另外，寫本不僅可據以證經文，而且也可校正孔傳在傳抄刊刻過程中所發生的訛誤，此僅舉一例以證明之。

《盤庚》上：“罰及爾身，弗可悔。”孔傳：“不從我謀，罰及汝身，雖悔可外乎?”阮校：“古本‘可’上有‘何’字，‘外’作‘及’，案：及，是也。”北大本《十三經注疏·尚書正義》據阮元《校勘記》將孔傳校改爲“不從我謀，罰及汝身，雖悔可及乎?”此處岩崎本異文作“雖悔可及”，上元本“悔”後補“何”字，内野本、足利本、上影本、上八本作“雖悔何可及”，可證阮氏《校勘記》和北大本的改寫均是合理的。

最後需要説明的是，本節關於異文與古注互證的討論僅僅是選取部分例證作列舉式的説明，異文與《校勘記》可以相互印證的例子在寫本《尚書》中大量存在，寫本異文無論是對於《尚書》文本的校讀，還是對於各類古注的印證，都具有重要的研究價值。

結　語

除了最新出土的戰國楚簡“書類”文獻，當今所見各類寫本無疑是歷代各類《尚書》文本之大宗，這些寫本主要指魏晉以降至唐代衛包改字前後的古寫本以及源於唐寫本的日本古寫本。本書以寫本《尚書》與今本《尚書》文字比較爲中心，並適當參照當今可見各種有影響的善本和《十三經注疏》整理本，如北京大學圖書館藏宋刻本《尚書》、國家圖書館藏宋兩浙東路茶鹽司刻本《尚書正義》和北京大學出版社標點本《十三經注疏》等等。經過列表逐字比較，凡字形和用字不同者皆視爲異文納入我們的研究範圍。具體而言，本書共完成了以下幾項工作。

完成《古寫本〈尚書〉與今傳本〈尚書〉文字對照表》的編製工作，並在此基礎上製成《寫本尚書隸古定古文字形表》和《寫本尚書隸楷異體字字形表》，借此可以瞭解寫本隸古定古文及隸楷異體字字形的全貌。

作爲主要研究材料的所謂《尚書》隸古定本並非古文的全部隸寫，其中衹是保存了一小部分隸古定古文字形，加之歷代輾轉抄寫，隨時改易，因此我們所見到的敦煌寫本以及日本寫本《尚書》中的隸古定字形已經不多。我們今天看到的隸古定寫本其實是隸古定字形與楷體字形並存，一篇之中古今錯雜，甚至是一字之中而數體兼備，既有隸古定部件，又有楷俗體部件，因此字形雜糅是抄本隸古定區別於字書隸古定寫本最爲重要的特徵。研究過程中我們將隸古定古文與石經文、隸古定古文與《汗簡》系字書、隸古定古文與《説文》古文分別作了全面的比較，結果發現石經拓本與隸古定寫本有直接的淵源關係，它們最早的來源甚至可以追溯到戰國時期的各種竹書寫本；《説文》古文與隸古定古文字形雖然保存形式不同，但却有共同的來源；寫本隸古定《尚書》與郭忠恕《汗簡》及其他同類字書所引《古文尚書》字形存在十分密切的關係，它們極有可能源自同一個版本系統。因書寫變異而導致異體紛呈以及因部件更换而導致結構變化是隸古定字形的重要特徵。隸古定研究的最後一部分是部分隸古定古文的字形疏證，通過我們對字形演變過程的梳理不難看出，相對於字書中保存的隸古定古文字形而言，寫本較少受到人爲整理和規範的影響，因此這類隸古定古文字形異體更加豐富，變化更多，在古文字構形和隸楷形體演變的雙重影響下，寫本《尚書》隸古定字形大多雜糅了不同性質的構件。

本書第二部分是隸楷異體字異文的專題研究。隸楷異體字的字形省簡主要包括省簡密集的筆畫或非主要的部件、符號替代、草寫簡化和使用簡體四個方面。隸楷異體字中增繁的字例相對較少，字形增繁現象主要表現爲增加飾筆和增加表意部件兩個方面。寫本《尚書》中字形變異現象相對複雜，主要包括因筆形不同而導致變異、因形近字形的影響而導致變異。字形變異的方嚮往往是漢字構形系統中業已存在的偏旁或部件，因此字形變異的結果往往是部件的類化或混同。

《尚書》各寫本之間以及各寫本與今本之間用字的不同，是形成異文的重要原因。由於隸古定古文所特有的以隸書或楷書筆法寫定古文字形的特點，因此凡被確定爲隸古定古文的字形，與今本用字皆存在差異。隸古定古文與今本文字之間存在差異的現象相當複雜，其中主要包括傳統意義上的異體字，也包括一定數量的通假字異文。寫本《尚書》中的 35 組因結構不同而形成的異文包括形符替换、聲符替换、全體新造、疊加形符、疊加聲符 5 類。寫本《尚書》隸古定古文中通假字的使用頻率遠遠高於傳世本《尚書》，幾乎所有的通假字異文與字書所輯録的傳抄古文用法完全相同。寫本《尚書》中的 20 組通假字包括本字和借字同聲符、本字以借字爲聲符、借字以本字爲聲符以及無任何形體聯繫的通假字 4 類。通常借字與本字之間有諧聲關係的通假字在全部通假字中占絶對優勢，而無形體關係的通假字在寫本《尚書》中共計 12 組，這無疑是值得我們思考的特殊現象。另外，寫本《尚書》中還有一部分隸古定古文由於保存了字形的早期寫法而與今本形成異文，這類異文在寫本《尚書》中共有 12 組。

與隸古定古文不同，隸楷異文既有對早期寫本用字現象的保留，同時還呈現出許多中古時期寫本用字的新特點。與同時期的其他寫本文獻相比，《尚書》用字相對穩定，因結構變化而新增的異體字異文數量不多，寫本所見爲數不多的異體字異文多轉寫自時代更早的古代寫本，在寫本《尚書》中因結構變化而形成的異體字異文共有 7 例。寫本《尚書》的通假異文雖是隸楷字形，但這些通假字並非產生於寫本生成時期，而是對歷代各類傳本通假用法的因襲和傳承，這類通假字共有 11 例。

對於寫本《尚書》異文來説寫本往往用古字，而今本用今字。具體而言，寫本《尚書》用古字，今本使用的今字以古字爲基礎，並加上有表意作用的形符，這類異文共有 10 例。另有一部分古今字產生的原因是由於古字表義過多，於是造新字或借用已有的字形分化古字的部分職能從而實現文字職能的轉移和重新調整，在這種情況下，古字與今字形體通常没有聯繫，寫本中這類異文共有 3 例。寫本中的異體字和通假字主要是對前代用字現象的保留，而其中的古今字異文則是因時代變化而將寫本用字不斷“當代化”的結果。

本書通過對寫本與今本《尚書》進行逐字比較，以寫本《尚書》異文爲基礎，就《尚書》文本的解讀提出個人的理解，認爲《盤庚》“乃祖先父”或可據寫本作“乃祖乃父”，今本《仲虺之誥》“肇我邦予有夏”當據寫本作“肇我邦于有夏”，《禹貢》“大行、恒山”當據寫本作“太行、恒山”，今本《湯誥》“乃亦有終”當據寫本作“乃其有終”等等。

《經典釋文》中保存了不少版本校勘内容，爲後人瞭解古籍版本内容保留了極有價值的材料。這些校勘内容和古寫本《尚書》有不少契合的地方，我們從中選取 10 個例證討論寫本異文與陸氏《經典釋文》的關係。另外，寫本《尚書》中有許多可印證阮元《校勘記》的異文，我們從衆多例證中選取 10 例作了詳細討論。

以上是本書的觀點和主要内容，當然由於時間和精力有限，我們的研究還有許多不盡人意之處，比如我們雖然花費了較多的精力編製成《寫本〈尚書〉異文對照表》，但並没有能够借助異文對各寫本之源流演變關係作更有意義的探討。再比如，近年來不少新出土文獻陸續公布，特别是《清華大學藏戰國竹簡》收録的“書類”文獻，對認識寫本《尚書》字形和用字的源流演變過程具有重要意義，在研究過程中我們對這類文獻的重視和利用程度還遠遠不够。我們相信，在今後的研究中，持續不斷的努力必將有新的發現。

引書簡稱表

包山楚墓竹簡	包山
望山楚簡	望山簡
郭店楚墓竹簡	郭店
上海博物館藏楚竹書	上博
清華大學藏戰國竹簡	清華
睡虎地秦墓竹簡	睡虎地
馬王堆漢墓簡帛	馬王堆
銀雀山漢墓竹簡	銀雀山
北京大學藏西漢竹書	北大
居延漢簡	居延
居延新簡	居新
肩水金關漢簡	肩水
武威漢代醫簡	武醫
尹灣漢墓竹簡	尹灣
敦煌漢簡	敦煌
長沙東牌樓東漢墓竹簡	東牌樓
魏三字石經集録	石經
古文四聲韻	四聲韻

附録一　寫本《尚書》隸古定古文字形表

第一卷

一	内野・盤庚　内野・皋陶謨　内野・洪範　上影・皋陶謨
天	敦煌・盤庚　敦煌・胤征　敦煌・高宗肜日　岩崎・高宗肜日　上八・康王之誥　上八・康王之誥　足利・舜典　足利・舜典　足利・皋陶謨　上影・舜典　内野・高宗肜日　内野・西伯戡黎　内野・召誥　内野・吕刑
上	上八・湯誥　敦煌・舜典　内野・湯誥　足利・湯誥　上影・湯誥
帝	敦煌・舜典　内野・舜典　足利・舜典　上八・大禹謨
旁	内野・太甲
禮	敦煌・舜典　内野・周官　上影・舜典　岩崎・説命
下	上影・舜典　岩崎・禹貢　上八・禹貢　九條・禹貢　内野・舜典　足利・舜典　敦煌・禹貢　敦煌・五子之歌

續表

禄	内野・周官 内野・畢命
祥	内野・伊訓 上八・伊訓
福	内野・湯誥 足利・湯誥 上影・湯誥 上八・湯誥
祇	敦煌・禹貢 内野・無逸 上影・伊訓 上八・伊訓
神	上八・伊訓 敦煌・舜典 内野・舜典 足利・伊訓 上影・伊訓
祗	内野・伊訓 内野・太甲 内野・太甲 岩崎・冏命 岩崎・吕刑 神田・泰誓 内野・微子 内野・畢命 上八・湯誥 上影・湯誥 上元・説命 内野・湯誥 足利・酒誥 足利・湯誥 上八・太甲
禋	内野・洛誥
祀	上八・洛誥 上八・多方 岩崎・説命 上元・高宗肜日 内野・五子之歌 足利・五子之歌 上影・五子之歌 上八・太甲 内野・多方
祖	上八・甘誓 上八・説命 上八・武成 上八・五子之歌 内野・五子之歌 足利・舜典 足利・甘誓 岩崎・微子 内野・舜典 内野・舜典 敦煌・舜典 岩崎・説命 上元・盤庚 上影・五子之歌 敦煌・無逸 敦煌・無逸 内野・吕刑 岩崎・吕刑

續表

祠	内野・伊訓　足利・伊訓　上影・伊訓　上八・伊訓
社	神田・泰誓　内野・湯誓　天理・太甲　上八・湯誓
三	敦煌・舜典　内野・舜典　内野・洪範
璣	上八・舜典
靈	敦煌・盤庚　敦煌・盤庚　岩崎・盤庚　九條・多方　内野・吕刑　足利・多方　上八・多士　上元・盤庚
中	上八・禹貢
荅	敦煌・牧誓　敦煌・洛誥　敦煌・洛誥　内野・康王之誥　内野・洛誥　觀知院・顧命　上八・顧命　上八・洛誥　上八・唐王之誥
蒼	内野・益稷　足利・益稷　上影・益稷　上八・益稷
萃	上八・武成
荒	敦煌・無逸　敦煌・禹貢　敦煌・胤征　敦煌・盤庚　敦煌・微子　岩崎・禹貢　九條・禹貢　上元・微子　上元・盤庚
草	敦煌・舜典　敦煌・舜典　岩崎・禹貢　觀智院・君陳
春	敦煌・胤征　足利・胤征

第二卷

分	八内野・君陳
審	宷敦煌・説命 宷岩崎・説命 宷内野・説命 宷上元・説命
吾	[illegible]敦煌・微子 [illegible]敦煌・微子 [illegible]上元・微子
魚	悊上八・康誥 悊上元・説命 悊敦煌・説命 悊敦煌・無逸 悊岩崎・説命 悊九條・酒誥 喆内野・舜典 喆足利・舜典 喆上影・舜典 喆上八・伊訓
呼	乎足利・伊訓 乎内野・太甲
哉	才敦煌・武成 戈上影・皋陶謨 戈上八・武成
吁	亏敦煌・堯典 亏敦煌・堯典
喪	[illegible]敦煌・舜典 [illegible]敦煌・説命 [illegible]九條・君奭 [illegible]敦煌・舜典 [illegible]上八・武成 [illegible]内野・酒誥 [illegible]内野・多士 [illegible]内野・説命 [illegible]上八・多方 [illegible]上八・湯誓 [illegible]上影・湯誓 [illegible]上八・君奭 [illegible]上八・多士 [illegible]上八・泰誓 [illegible]足利・湯誓 [illegible]足利・伊訓 [illegible]上八・伊訓 [illegible]内野・伊訓 [illegible]敦煌・武成 [illegible]敦煌・君奭
越	[illegible]敦煌・盤庚 [illegible]岩崎・呂刑

續表

起	上影·益稷 敦煌·盤庚 岩崎·説命 足利·益稷 島田·金縢 内野·盤庚 上元·説命
前	敦煌·盤庚 敦煌·盤庚 敦煌·盤庚 敦煌·盤庚 上八·蔡仲之命 上八·顧命 内野·盤庚 觀智院·顧命 上元·盤庚 上八·武成 岩崎·盤庚 岩崎·顧命 九條·蔡仲之命
歷	岩崎·畢命
歸	敦煌·五子之歌 内野·太甲 敦煌·武成 神田·武成 上影·胤征
歲	敦煌·堯典 敦煌·説命 敦煌·胤征 敦煌·胤征 上元·説命 島田·洪範 上八·洛誥 内野·洪範 足利·堯典
正	敦煌·堯典 敦煌·舜典
遷	敦煌·多士 敦煌·盤庚 敦煌·盤庚 敦煌·盤庚 上元·盤庚 足利·益稷 内野·皋陶謨 内野·胤征 岩崎·盤庚 上元·盤庚 内野·畢命 九條·胤征 上元·盤庚 足利·皋陶謨 九條·湯誓 敦煌·胤征
遲	敦煌·盤庚 敦煌·盤庚 内野·盤庚

續表

遯	敦煌·説命 敦煌·説命
述	上八·湯誓 内野·微子 内野·湯誓 内野·湯誓 上八·湯誓 敦煌·微子 敦煌·微子 岩崎·微子 内野·微子
道	敦煌·五子之歌 岩崎·説命 上影·大禹謨 内野·洪範
邇	敦煌·舜典 敦煌·盤庚 足利·召誥 上元·盤庚
德	九條·蔡仲之命 岩崎·高宗肜日 敦煌·蔡仲之命 敦煌·大禹謨 敦煌·堯典 神田·泰誓 岩崎·吕刑 敦煌·多方 敦煌·高宗肜日 敦煌·胤征 神田·泰誓 九條·禹貢 敦煌·洛誥 敦煌·盤庚 敦煌·武成 内野·微子之命 九條·五子之歌 敦煌·立政 敦煌·盤庚 敦煌·多方 上八·康誥 上影·舜典 上影·皋陶謨 内野·微子之命 天理·咸有一德 上八·五子之歌 上影·伊訓 足利·泰誓 天理·太甲 上八·康誥 上影·舜典 足利·高宗肜日 上元·盤庚 上八·盤庚 上影·大禹謨 上影·微子之命
往	敦煌·舜典 足利·舜典 内野·舜典 内野·舜典 足利·舜典 上八·大誥 内野·文侯之命

續表

御	敦煌・牧誓　神田・牧誓　九條・酒誥　九條・召誥
衛	足利・文侯之命　内野・舜典　敦煌・舜典　上影・大禹謨　内野・益稷　上影・説命　足利・舜典　岩崎・説命　敦煌・説命　上影・文侯之命　足利・説命　岩崎・君牙　敦煌・武成　上八・大禹謨　上元・盤庚　敦煌・君奭　九條・湯誓
册	敦煌・洛誥　敦煌・多士　内野・金縢
嗣	上影・召誥　上八・召誥　敦煌・多士　九條・酒誥　島田・洪範　内野・大誥

第三卷

嚚	敦煌・堯典
讎	敦煌・微子　敦煌・微子　岩崎・微子　上元・微子　内野・微子
諸	敦煌・舜典　敦煌・舜典　敦煌・禹貢　敦煌・胤征　岩崎・説命　岩崎・吕刑　九條・禹貢　九條・胤征　九條・酒誥　内野・太甲　内野・蔡仲之命　足利・太甲　上元・説命　上元・説命　上八・蔡仲之命　上影・酒誥　上影・太甲
詩	敦煌・舜典

續表

訓	敦煌·説命 敦煌·高宗肜日 敦煌·胤征 敦煌·立政 敦煌·顧命 岩崎·説命 九條·蔡仲之命 九條·立政 內野·伊訓 內野·康王之誥 足利·康誥 上八·立政 上影·五子之歌 觀智院·顧命 上元·説命
誨	敦煌·説命 岩崎·説命 上元·説命
謀	敦煌·大禹謨 敦煌·盤庚 敦煌·盤庚 敦煌·多方 敦煌·立政 敦煌·立政 岩崎·盤庚 岩崎·盤庚 岩崎·盤庚 島田·洪範 九條·召誥 內野·盤庚 內野·立政 上元·盤庚 上元·盤庚 上八·多方 觀知院·君陳
謨	敦煌·胤征 內野·胤征 足利·伊訓 上八·胤征 上影·伊訓
識	敦煌·武成 神田·武成 內野·武成 上影·武成 上八·洛誥
諶	敦煌·君奭
誓	敦煌·甘誓 敦煌·甘誓 敦煌·泰誓 敦煌·牧誓 敦煌·秦誓 九條·甘誓 九條·湯誓 九條·湯誓 九條·費誓 內野·甘誓 內野·費誓 足利·甘誓 足利·湯誓 上影·甘誓 上八·甘誓 上八·泰誓 觀智院·顧命

續表

謙	敦煌・大禹謨
諺	敦煌・無逸
譸	内野・無逸　敦煌・無逸　内野・無逸
詛	敦煌・無逸　敦煌・無逸　岩崎・吕刑　内野・吕刑
誕	敦煌・無逸
善	岩崎・説命　足利・大禹謨　上影・大禹謨
鞭	敦煌・舜典
藝	敦煌・舜典　敦煌・禹貢　敦煌・胤征
度	敦煌・舜典　敦煌・盤庚　敦煌・盤庚　九條・蔡仲之命　上元・盤庚　岩崎・微子　神田・泰誓　内野・舜典　足利・舜典　上八・益稷　上八・多士　上影・舜典
事	上八・説命　上影・盤庚　上影・立政　足利・武成　上八・舜典　上元・説命　上八・武成
毅	敦煌・泰誓　神田・泰誓
皮	内野・禹貢　足利・禹貢　上影・禹貢　上八・禹貢

續表

變	敦煌・堯典 敦煌・無逸 岩崎・盤庚 岩崎・畢命 內野・堯典 內野・盤庚 內野・君陳 內野・畢命 足利・堯典 足利・太甲 上影・太甲 上八・堯典 上八・君陳
牧	敦煌・牧誓 敦煌・武成 神田・牧誓 內野・牧誓 上八・牧誓 上八・武成
教	足利・酒誥 內野・多方 九條・立政 上影・舜典 足利・舜典 內野・舜典 上影・大禹謨 足利・大禹謨 內野・大禹謨 上八・周官 足利・皋陶謨 內野・酒誥
兆	上八・周官 觀知院・周官
用	敦煌・堯典 足利・舜典 上影・舜典
爾	敦煌・大禹謨 敦煌・胤征 敦煌・説命 九條・胤征 上八・大禹謨 上八・盤庚

第四卷

暨	敦煌・舜典 敦煌・禹貢 敦煌・盤庚 敦煌・無逸 岩崎・盤庚 九條・梓材 內野・盤庚 內野・無逸 上八・禹貢 上八・盤庚 內野・堯典 上八・益稷 上八・禹貢 上八・伊訓 上八・君奭

續表

暨	足利·禹貢 足利·禹貢 足利·説命 上影·堯典 上影·益稷 上影·禹貢 上影·禹貢 上影·君奭 上影·盤庚 上元·盤庚 上元·盤庚 上元·盤庚 觀智院·康王之誥 天理·咸有一德
雉	内野·高宗肜日 上八·高宗肜日
離	敦煌·盤庚 敦煌·多方
雍	敦煌·無逸 内野·舜典 足利·舜典
奪	敦煌·舜典
美	敦煌·説命 敦煌·説命 上元·説命
鳩	敦煌·堯典
難	敦煌·舜典
棄	敦煌·泰誓 敦煌·牧誓 敦煌·舜典 九條·甘誓
幾	足利·益稷 上八·益稷 上影·益稷
惠	敦煌·舜典
敢	敦煌·盤庚 敦煌·盤庚 敦煌·武成 九條·湯誓 岩崎·盤庚 内野·湯誓 足利·湯誓 上八·湯誓

續表

殄	敦煌・舜典
别	内野・舜典 足利・禹貢 上影・舜典 上影・大禹謨 上影・禹貢 上影・禹貢 上八・舜典
腆	九條・酒誥 内野・酒誥 足利・酒誥 上影・酒誥
剛	敦煌・舜典 敦煌・舜典 九條・酒誥 内野・舜典 内野・洪範 足利・酒誥 上影・舜典
列	敦煌・舜典 敦煌・説命
刊	敦煌・禹貢 敦煌・禹貢 足利・益稷 上八・禹貢 九條・禹貢 内野・益稷
割	敦煌・堯典 敦煌・堯典 敦煌・多方 内野・湯誓 足利・湯誓
劓	敦煌・盤庚 岩崎・吕刑 岩崎・盤庚 上元・盤庚 岩崎・吕刑
剔	上八・泰誓
衡	敦煌・舜典 敦煌・説命 敦煌・禹貢 九條・禹貢 岩崎・説命 内野・舜典 内野・説命 足利・太甲 上影・舜典 上影・太甲 上八・舜典 上影・舜典 上影・太甲 上八・舜典

第五卷

其	敦煌・盤庚 敦煌・盤庚 敦煌・牧誓 九條・甘誓 九條・五子之歌 岩崎・禹貢 岩崎・盤庚 島田・洪範 島田・洪範 島田・旅獒 内野・堯典 上八・武成 足利・堯典 足利・甘誓 足利・胤征 上影・堯典 上影・甘誓 上八・大禹謨 上八・甘誓 内野・武成 島田・洪範
典	敦煌・多士 岩崎・説命 九條・梓材 上元・高宗肜日
甘	敦煌・甘誓
于	敦煌・舜典 敦煌・舜典 足利・舜典 内野・舜典
平	内野・大禹謨 足利・大禹謨 上八・周官 上影・大禹謨
虞	敦煌・堯典 敦煌・西伯戡黎 岩崎・西伯戡黎 内野・堯典 内野・大禹謨 足利・堯典 足利・舜典 足利・太甲 上影・堯典 上影・大禹謨 上影・太甲 上八・太甲 上八・君陳 上元・西伯戡黎
虖	敦煌・五子之歌 敦煌・胤征 敦煌・君奭 敦煌・蔡仲之命 敦煌・立政 岩崎・盤庚 内野・立政 九條・蔡仲之命 九條・召誥 九條・胤征 島田・洪範 足利・盤庚 上影・康誥

續表

益	敦煌·舜典 敦煌·大禹謨 内野·舜典 内野·旅獒 足利·舜典 足利·大禹謨 上影·舜典 上影·大禹謨
卹	敦煌·盤庚 敦煌·多士 敦煌·立政 九條·文侯之命 岩崎·盤庚 内野·盤庚 足利·盤庚 上八·盤庚 上元·盤庚
静	敦煌·堯典 島田·洪範 内野·堯典 足利·堯典 上八·堯典 上八·多方
既	敦煌·禹貢 敦煌·禹貢 岩崎·禹貢 九條·禹貢 内野·禹貢 足利·禹貢 上影·禹貢 上八·禹貢
食	敦煌·舜典 内野·舜典 足利·舜典 上八·舜典 上影·益稷
會	敦煌·大禹謨 敦煌·禹貢 九條·大禹謨 九條·禹貢 内野·大禹謨 足利·大禹謨 上影·大禹謨 上八·大禹謨
矢	足利·大禹謨
亯	敦煌·洛誥 敦煌·無逸 敦煌·無逸 敦煌·無逸 敦煌·無逸 敦煌·盤庚 敦煌·多方 敦煌·多方 敦煌·洛誥 敦煌·泰誓 神田·泰誓 九條·酒誥 九條·梓材 九條·梓材 九條·多方 九條·多方 内野·洛誥

續表

亯	内野・酒誥　内野・微子之命　上影・酒誥　上元・盤庚　上元・盤庚
厚	敦煌・五子之歌　敦煌・泰誓　九條・五子之歌　内野・五子之歌　足利・五子之歌　上影・五子之歌
舞	敦煌・舜典　敦煌・大禹謨　敦煌・益稷　内野・舜典　内野・伊訓　足利・伊訓　上影・舜典　上影・伊訓

第六卷

梅	敦煌・説命　岩崎・説命　内野・説命　上八・説命　上元・説命
梓	敦煌・梓材　九條・梓材　内野・梓材　足利・梓材　上影・梓材
槩	敦煌・禹貢　岩崎・禹貢
松	岩崎・禹貢　上影・禹貢
樹	敦煌・説命　岩崎・説命　上元・説命　上八・説命
格	敦煌・堯典
櫱	敦煌・説命　敦煌・説命　上八・盤庚
析	敦煌・盤庚　九條・禹貢　九條・禹貢
麓	敦煌・舜典　内野・舜典　足利・舜典

續表

哉	敦煌·舜典 敦煌·益稷 敦煌·牧誓 敦煌·洛誥 敦煌·盤庚 敦煌·無逸 敦煌·立政 岩崎·盤庚 九條·胤征 九條·多方 神田·牧誓 内野·堯典 足利·堯典 足利·咸有一德 觀知院·君陳 上影·堯典
之	敦煌·舜典 敦煌·舜典 上影·舜典
師	敦煌·堯典
	敦煌·舜典 敦煌·洛誥 敦煌·説命 九條·立政 敦煌·洛誥 岩崎·説命 上元·説命 天理·太甲 島田·微子之命 敦煌·舜典 内野·堯典 上八·太甲 上八·召誥
國	島田·金縢 内野·伊訓 足利·酒誥 九條·酒誥 九條·多方 九條·立政 上影·伊訓 上八·泰誓 上八·召誥 九條·文侯之命
國	敦煌·五子之歌 敦煌·多方 敦煌·多方 九條·五子之歌 九條·多方 九條·多方 内野·五子之歌 内野·太甲 内野·君陳 上影·太甲 上八·五子之歌 上八·太甲 上八·多方 上八·金縢 上八·多方 上八·多方 上八·顧命
賢	敦煌·説命 岩崎·説命 九條·仲虺之誥 島田·旅獒 内野·大禹謨 上八·武成

續表

費	九條・費誓　上八・費誓
貧	島田・洪範　内野・洪範
鄰	敦煌・蔡仲之命　九條・蔡仲之命　内野・益稷　足利・益稷　上八・益稷　上影・益稷　島田・大誥

第七卷

時	敦煌・胤征　敦煌・多方　九條・胤征　九條・多方　島田・洪範　内野・舜典　足利・泰誓　上八・君陳　上八・唐誥　上影・舜典　上影・益稷　上影・湯誓
昏	島田・洪範　内野・洪範
昔	内野・舜典　上八・君奭　上八・君奭　足利・舜典　上八・君奭
朝	敦煌・舜典　内野・周官　上八・周官
旅	吐番・大禹謨　敦煌・禹貢　敦煌・武成　敦煌・多方　敦煌・立政　島田・旅獒　九條・召誥　九條・多方　九條・立政　内野・禹貢　内野・武成　内野・立政　神田・牧誓　足利・禹貢　足利・梓材　足利・召誥　上影・禹貢　上影・梓材　上八・禹貢　上八・禹貢　上八・牧誓　上八・立政

續表

族	九條·仲虺之誥 内野·堯典 内野·皋陶謨 足利·堯典 上影·堯典 上影·堯典 上影·仲虺之誥 上八·仲虺之誥 上八·泰誓
星	内野·舜典 足利·舜典
参	敦煌·西伯戡黎 敦煌·西伯戡黎
朏	九條·召誥
期	敦煌·堯典 敦煌·堯典 敦煌·堯典 敦煌·大禹謨 内野·周官 上八·周官
有	敦煌·堯典 敦煌·甘誓 九條·甘誓 内野·堯典 足利·伊訓 上影·皋陶謨 上八·禹貢
夜	敦煌·舜典 敦煌·舜典
夙	敦煌·舜典 敦煌·舜典 内野·旅獒
齊	敦煌·堯典 敦煌·盤庚 岩崎·冏命 内野·舜典 内野·盤庚 上八·牧誓 上八·冏命 足利·舜典 上影·舜典 觀智院·顧命
穆	敦煌·舜典 敦煌·多方 岩崎·君牙 九條·酒誥 九條·多方 内野·君牙 上八·君牙 上八·吕刑

續表

私	敦煌・説命 岩崎・説命 内野・周官
稷	敦煌・舜典 内野・太甲
秋	足利・舜典 上影・舜典
稱	敦煌・牧誓 敦煌・洛誥 九條・湯誓 神田・牧誓 内野・君奭 上八・君奭 上八・君奭
黎	敦煌・西伯戡黎 敦煌・西伯戡黎 岩崎・西伯戡黎 上元・西伯戡黎
宅	岩崎・説命 足利・禹貢 足利・太甲 足利・洛誥 上影・舜典 上影・禹貢 上元・盤庚 上八・太甲 上八・立政
寧	敦煌・五子之歌 岩崎・君牙 内野・五子之歌 上八・多士 上影・多士
寶	敦煌・盤庚 敦煌・盤庚 岩崎・盤庚 九條・湯誓 上八・金縢 上影・湯誓 上元・盤庚
罔	敦煌・胤征 敦煌・胤征 敦煌・胤征 敦煌・大禹謨 上八・伊訓 足利・咸有一德 上影・大禹謨 上八・盤庚 上八・湯誓 内野・伊訓 内野・咸有一德 足利・湯誓 足利・大禹謨 敦煌・盤庚 九條・胤征 九條・胤征 上影・太甲 上八・大禹謨

續表

罪	敦煌·舜典 敦煌·盤庚 敦煌·西伯戡黎 敦煌·微子 敦煌·微子 敦煌·武成 敦煌·無逸 神田·泰誓 岩崎·盤庚 岩崎·高宗肜日 九條·湯誓 内野·舜典 内野·仲虺之誥 上八·大禹謨 足利·舜典 足利·皋陶謨 上影·舜典 上影·湯誓 上影·盤庚 上元·微子
常	内野·皋陶謨 足利·皋陶謨 上影·皋陶謨

第八卷

僝	敦煌·舜典
俟	敦煌·武成
傲	敦煌·舜典 敦煌·盤庚 内野·益稷 足利·益稷 上影·益稷 上八·益稷
仍	觀智院·顧命
使	敦煌·説命 敦煌·説命 敦煌·牧誓 岩崎·説命 島田·洪範 九條·召誥 内野·舜典 足利·舜典 上八·洪範 上八·洛誥 上影·舜典 上元·説命
僭	岩崎·吕刑 島田·大誥 足利·吕刑

續表

從	敦煌·舜典 敦煌·大禹謨 敦煌·盤庚 岩崎·盤庚 上影·舜典 上八·大禹謨 上八·盤庚 上元·盤庚 九條·禹貢 内野·舜典 足利·舜典
徵	敦煌·舜典
表	敦煌·立政
襄	敦煌·堯典
裕	敦煌·洛誥 敦煌·多方 九條·無逸 九條·多方 上八·仲虺之誥 上八·康誥 上八·康誥
壽	九條·文侯之命 内野·洪範 内野·召誥 内野·文侯之命 上八·君奭
丂	敦煌·舜典
居	敦煌·胤征 敦煌·盤庚 九條·胤征 岩崎·盤庚 岩崎·冏命 内野·舜典 足利·湯誥 足利·盤庚 上影·禹貢 上影·湯誥 上八·湯誥 上八·多士
朕	敦煌·舜典 敦煌·泰誓 敦煌·泰誓 上影·舜典 上影·盤庚 上影·洛誥 内野·舜典 足利·舜典 足利·盤庚 足利·洛誥 内野·舜典 上八·大禹謨 上八·大禹謨 上八·泰誓 上八·洛誥

續表

服	敦煌・舜典 敦煌・禹貢
兜	敦煌・舜典 內野・舜典 足利・舜典 上影・皋陶謨
視	敦煌・五子之歌 敦煌・說命 九條・五子之歌 九條・文侯之命 內野・五子之歌 足利・五子之歌 上影・五子之歌 上八・太甲
飲	九條・酒誥 內野・酒誥 足利・酒誥 上影・酒誥

第九卷

首	敦煌・舜典 敦煌・說命 岩崎・說命 足利・洛誥 上影・舜典 上八・益稷 上八・立政 上八・立政
須	敦煌・五子之歌 九條・五子之歌
文	敦煌・舜典 內野・舜典 足利・舜典 上影・舜典 上影・舜典
辟	敦煌・說命 敦煌・說命 敦煌・洛誥 敦煌・洛誥 敦煌・無逸 敦煌・無逸 敦煌・泰誓 敦煌・多方 岩崎・說命 九條・多方 九條・文侯之命 九條・文侯之命 神田・泰誓 內野・太甲 內野・洛誥 上八・多方 足利・太甲 足利・說命 上影・說命 上元・說命

續表

甸	敦煌・舜典 內野・舜典 足利・舜典 上影・舜典
敬	敦煌・堯典
鬼	内野・伊訓 足利・伊訓 上影・伊訓 上八・伊訓
岳	敦煌・堯典 内野・舜典 足利・舜典 足利・舜典 上影・舜典
崇	敦煌・舜典
庶	島田・洪範
斥	敦煌・禹貢 岩崎・禹貢 上八・禹貢
長	敦煌・盤庚 敦煌・盤庚 敦煌・立政 九條・立政 岩崎・盤庚 岩崎・説命 内野・盤庚 足利・益稷 足利・伊訓 上影・伊訓 上八・伊訓 上元・盤庚
貊	岩崎・吕刑
免	敦煌・胤征 敦煌・説命 内野・益稷 内野・微子之命 足利・益稷 上八・益稷
豫	敦煌・五子之歌 敦煌・説命 九條・五子之歌 内野・五子之歌 上影・五子之歌 天理・太甲 足利・五子之歌 島田・洪範 上八・洪範

第十卷

驩	敦煌・舜典 內野・舜典 足利・舜典 上影・舜典 上影・皋陶謨
篤	敦煌・盤庚 敦煌・盤庚 敦煌・武成 岩崎・盤庚 九條・君奭 島田・微子之命 內野・盤庚 上八・君牙 上元・盤庚
驛	島田・洪範 內野・洪範 足利・洪範 上影・洪範
類	敦煌・舜典 敦煌・舜典 敦煌・泰誓 敦煌・說命 上八・舜典 上八・太甲 上八・泰誓 上影・舜典 內野・舜典 內野・太甲 足利・舜典
羆	敦煌・舜典
烈	敦煌・舜典 敦煌・胤征 敦煌・洛誥
災	敦煌・舜典 敦煌・舜典 內野・微子 足利・微子 上影・咸有一德 上影・微子 敦煌・舜典 敦煌・舜典
灼	敦煌・立政 岩崎・立政 九條・立政 內野・立政 上八・立政
燎	敦煌・盤庚
光	內野・益稷 觀智院・顧命 足利・顧命 上八・顧命 上影・益稷

續表

熙	敦煌·舜典 敦煌·益稷 敦煌·益稷 内野·舜典 足利·益稷 上影·舜典 上八·舜典 上八·益稷
奄	敦煌·蔡仲之命 敦煌·盤庚 九條·蔡仲之命 内野·蔡仲之命 上八·立政 岩崎·盤庚 上元·盤庚
夷	敦煌·舜典 敦煌·立政 神田·泰誓 神田·泰誓 足利·堯典 上影·堯典 岩崎·禹貢 九條·仲虺之誥 上八·禹貢 内野·堯典 内野·禹貢
冏	岩崎·冏命 内野·冏命
慎	敦煌·舜典 敦煌·大禹謨 敦煌·蔡仲之命 敦煌·多方 岩崎·冏命 九條·多方 九條·立政 九條·禹貢 上八·大禹謨 上八·周官 上影·舜典 島田·旅獒 内野·舜典 内野·康誥 足利·舜典
惇	敦煌·禹貢 敦煌·武成
懷	敦煌·堯典
恪	岩崎·盤庚 内野·盤庚 上元·盤庚 上八·盤庚
懼	内野·泰誓 上八·泰誓

續表

思	敦煌・盤庚 岩崎・盤庚 岩崎・冏命 岩崎・冏命
僭	敦煌・牧誓 敦煌・無逸 敦煌・無逸 敦煌・蔡仲之命 岩崎・説命 岩崎・冏命 九條・蔡仲之命 上影・牧誓 上八・牧誓
忌	敦煌・多方 敦煌・多方 敦煌・顧命 内野・顧命 上八・顧命 觀智院・顧命
怒	敦煌・盤庚 敦煌・無逸 岩崎・盤庚 内野・盤庚 上元・盤庚 足利・盤庚 上影・盤庚 上八・泰誓
悔	敦煌・五子之歌 九條・五子之歌 岩崎・盤庚 島田・洪範 内野・盤庚 足利・盤庚 上八・盤庚
恐	敦煌・盤庚 岩崎・盤庚 九條・仲虺之命 觀智院・顧命 内野・説命 内野・西伯戡黎 上元・盤庚
愓	上八・盤庚 岩崎・盤庚

第十一卷

漆	敦煌・禹貢 敦煌・禹貢 岩崎・禹貢 九條・禹貢
洛	敦煌・禹貢 九條・召誥 内野・禹貢 足利・禹貢 上影・禹貢 上八・禹貢 上八・洛誥

續表

澮	内野・益稷
洋	内野・伊訓
濟	敦煌・大禹謨 敦煌・胤征 敦煌・盤庚 敦煌・盤庚 敦煌・武成 敦煌・蔡仲之命 九條・禹貢 九條・君奭 内野・禹貢 内野・蔡仲之命 觀智院・蔡仲之命 足利・禹貢 足利・説命 上影・禹貢 上影・説命 上八・禹貢 上八・君奭 上八・蔡仲之命 上八・蔡仲之命
淵	敦煌・武成 島田・武成 神田・武成 内野・武成 足利・武成 上影・武成 上八・大誥
滋	九條・君奭 内野・君奭 足利・君奭 上影・君奭 上八・君奭
滄	九條・禹貢 内野・禹貢 上八・禹貢
滅	敦煌・五子之歌 九條・五子之歌 神田・泰誓 岩崎・盤庚
流	敦煌・舜典
冬	敦煌・説命 敦煌・舜典 敦煌・禹貢 内野・洪範 内野・君牙 足利・伊訓 上影・伊訓 敦煌・説命 敦煌・多方 敦煌・蔡仲之命 敦煌・舜典 岩崎・説命 岩崎・説命 内野・舜典 内野・太甲 内野・洛誥 内野・蔡仲之命

續表

冬	足利・舜典 足利・召誥 上影・舜典 上影・太甲 上影・太甲 上八・禹貢 上八・仲虺之誥 上八・伊訓 上八・太甲 上元・説命 敦煌・堯典
雨	敦煌・舜典 敦煌・舜典
雷	敦煌・舜典
鯀	敦煌・舜典
飛	岩崎・舜典
煢	島田・洪範 上八・洪範

第十二卷

至	敦煌・舜典
西	岩崎・西伯戡黎 内野・舜典 足利・舜典 上影・舜典
聞	敦煌・胤征 神田・泰誓 岩崎・説命 内野・説命 足利・堯典 足利・益稷 足利・酒誥 上影・堯典 上影・説命 上八・太甲 上八・畢命 上元・説命
拜	敦煌・舜典 敦煌・舜典 敦煌・舜典 上八・益稷
攘	敦煌・微子 岩崎・吕刑 内野・微子 足利・微子

續表

摯	敦煌・西伯戡黎 敦煌・西伯戡黎 上元・西伯戡黎
撫	内野・太甲 上八・武成
撫	敦煌・説命 敦煌・洛誥 岩崎・説命 内野・説命 上八・堯典
拙	岩崎・盤庚 内野・盤庚 上元・盤庚 觀智院・周官
播	敦煌・舜典 敦煌・多方 神田・泰誓 九條・多方 岩崎・禹貢 岩崎・吕刑 内野・大誥 足利・康誥 上影・舜典 上八・禹貢 上八・吕刑
捍	九條・文侯之命 内野・文侯之命
姓	内野・堯典 内野・泰誓 足利・舜典 上影・舜典 上八・五子之歌 上八・吕刑
始	敦煌・胤征 敦煌・胤征 敦煌・説命 岩崎・吕刑 九條・胤征 島田・洪範 内野・伊訓 足利・伊訓 足利・西伯戡黎 上影・伊訓 上影・咸有一德 上影・西伯戡黎
好	敦煌・大禹謨 敦煌・微子 岩崎・畢命 内野・大禹謨 足利・大禹謨 上元・盤庚 上影・大禹謨 上八・大禹謨
嬪	敦煌・堯典 敦煌・舜典

續表

弗	敦煌·堯典
戰	敦煌·牧誓 敦煌·多方 敦煌·甘誓 九條·多方 内野·多方 上八·甘誓 足利·湯誓
戮	敦煌·甘誓 敦煌·泰誓 九條·甘誓 九條·湯誓 岩崎·吕刑 内野·甘誓 内野·泰誓 足利·甘誓 上影·甘誓 上八·甘誓 上八·泰誓
亡	敦煌·大禹謨 九條·召誥 足利·大禹謨 上影·大禹謨 敦煌·五子之歌
引	敦煌·大禹謨
弼	敦煌·大禹謨 敦煌·胤征 岩崎·冏命 内野·大禹謨 足利·大禹謨 上影·大禹謨 上八·泰誓

第十三卷

織	敦煌·禹貢 岩崎·禹貢 九條·禹貢 内野·禹貢 足利·禹貢 上八·禹貢
絶	敦煌·五子之歌 敦煌·盤庚 敦煌·盤庚 敦煌·高宗肜日 敦煌·泰誓 九條·五子之歌 九條·甘誓 岩崎·盤庚 岩崎·高宗肜日 岩崎·西伯戡黎 内野·五子之歌 内野·盤庚

續表

絶	上元・盤庚 上元・高宗肜日 足利・五子之歌 上影・五子之歌 上影・甘誓 上八・五子之歌
綏	敦煌・禹貢 敦煌・盤庚 敦煌・説命 岩崎・説命 上元・説命
蠢	敦煌・大禹謨 内野・大誥 上八・大誥 上八・大誥
蟻	觀智院・顧命
黽	九條・禹貢 内野・洪範 敦煌・大禹謨 岩崎・西伯戡黎 島田・洪範 上八・金縢
二	九條・無逸 内野・舜典 上影・皋陶謨 上影・舜典
埴	岩崎・禹貢
基	敦煌・武成 内野・武成 内野・康誥 岩崎・畢命 天理・太甲 足利・太甲 上影・太甲 上八・武成 上八・洛誥
堂	内野・大誥
封	敦煌・舜典 敦煌・武成 岩崎・畢命 九條・酒誥 内野・舜典 内野・蔡仲之命 足利・舜典 内野・康誥 足利・康誥 上影・康誥 上八・武成 上八・蔡仲之命
垂	敦煌・舜典 敦煌・舜典 岩崎・畢命 内野・舜典 内野・仲虺之誥 上影・舜典 上八・蔡仲之命

續表

鼇	敦煌·堯典 敦煌·胤征
埜	敦煌·甘誓 敦煌·大禹謨 内野·大禹謨 岩崎·禹貢 九條·禹貢
疇	敦煌·堯典 内野·五子之歌 敦煌·五子之歌 敦煌·説命 敦煌·説命 九條·酒誥 内野·舜典 内野·説命 内野·酒誥 上影·五子之歌 足利·舜典 足利·五子之歌 内野·洪範 内野·洪範 島田·洪範
晦	内野·微子 上八·盤庚 敦煌·盤庚 岩崎·盤庚 内野·盤庚
畺	敦煌·泰誓 敦煌·君奭 九條·梓材 九條·召誥 岩崎·畢命 内野·梓材 足利·召誥 上影·召誥 上八·畢命 上八·梓材
功	敦煌·舜典 内野·舜典 内野·大誥 上八·太甲 神田·武成 足利·太甲 上影·召誥 上八·洛誥
勑	上影·皋陶謨
動	敦煌·盤庚 敦煌·大禹謨 敦煌·盤庚 敦煌·武成 岩崎·盤庚 内野·大禹謨 足利·大禹謨 上影·大禹謨 上八·大禹謨 上影·咸有一德 足利·咸有一德

第十四卷

錫	敦煌・堯典
錯	敦煌・禹貢
斯	九條・酒誥　内野・洪範　烏田・洪範　内野・酒誥
斷	敦煌・盤庚　岩崎・盤庚　岩崎・盤庚　岩崎・吕刑　九條・秦誓　上元・盤庚
輔	敦煌・胤征　敦煌・説命　九條・湯誓　九條・胤征　足利・蔡仲之命　上影・洛誥　上元・湯誓
陵	敦煌・堯典
陰	敦煌・禹貢　敦煌・禹貢　九條・禹貢　岩崎・禹貢　上八・無逸　足利・禹貢　上影・禹貢　觀智院・周官　上影・説命　内野・禹貢　内野・洪範　内野・無逸　上元・禹貢
陽	敦煌・堯典
阻	敦煌・舜典
陟	敦煌・舜典
隩	敦煌・堯典　敦煌・禹貢　内野・禹貢　足利・禹貢
陳	敦煌・盤庚　岩崎・盤庚　内野・盤庚　上元・盤庚

續表

四	敦煌·禹貢 九條·禹貢 内野·益稷 内野·禹貢 足利·益稷 足利·禹貢 上影·禹貢 上八·禹貢
五	敦煌·禹貢 岩崎·盤庚 内野·舜典 内野·舜典 敦煌·舜典 敦煌·舜典 敦煌·舜典 敦煌·大禹謨 上元·盤庚
禹	敦煌·舜典 敦煌·五子之歌 九條·立政 足利·舜典 上影·舜典 上八·大禹謨 足利·大禹謨 上影·大禹謨 内野·舜典
卨	敦煌·舜典 敦煌·舜典 敦煌·胤征 九條·胤征 内野·舜典 足利·舜典 上影·舜典
亂	敦煌·禹貢 敦煌·無逸 敦煌·胤征 敦煌·盤庚 敦煌·盤庚 神田·武成 敦煌·説命 敦煌·説命 敦煌·蔡仲之命 敦煌·多方 敦煌·武成 敦煌·無逸 敦煌·胤征 岩崎·盤庚 觀智院·君陳 岩崎·説命 岩崎·吕刑 九條·禹貢 九條·胤征 内野·胤征 内野·仲虺之誥 内野·太甲 足利·太甲 足利·禹貢 足利·胤征 上八·説命 上八·武成 上八·立政 上影·湯誓 上八·禹貢 上八·仲虺之誥 上八·盤庚 上影·禹貢 上影·胤征 上影·太甲

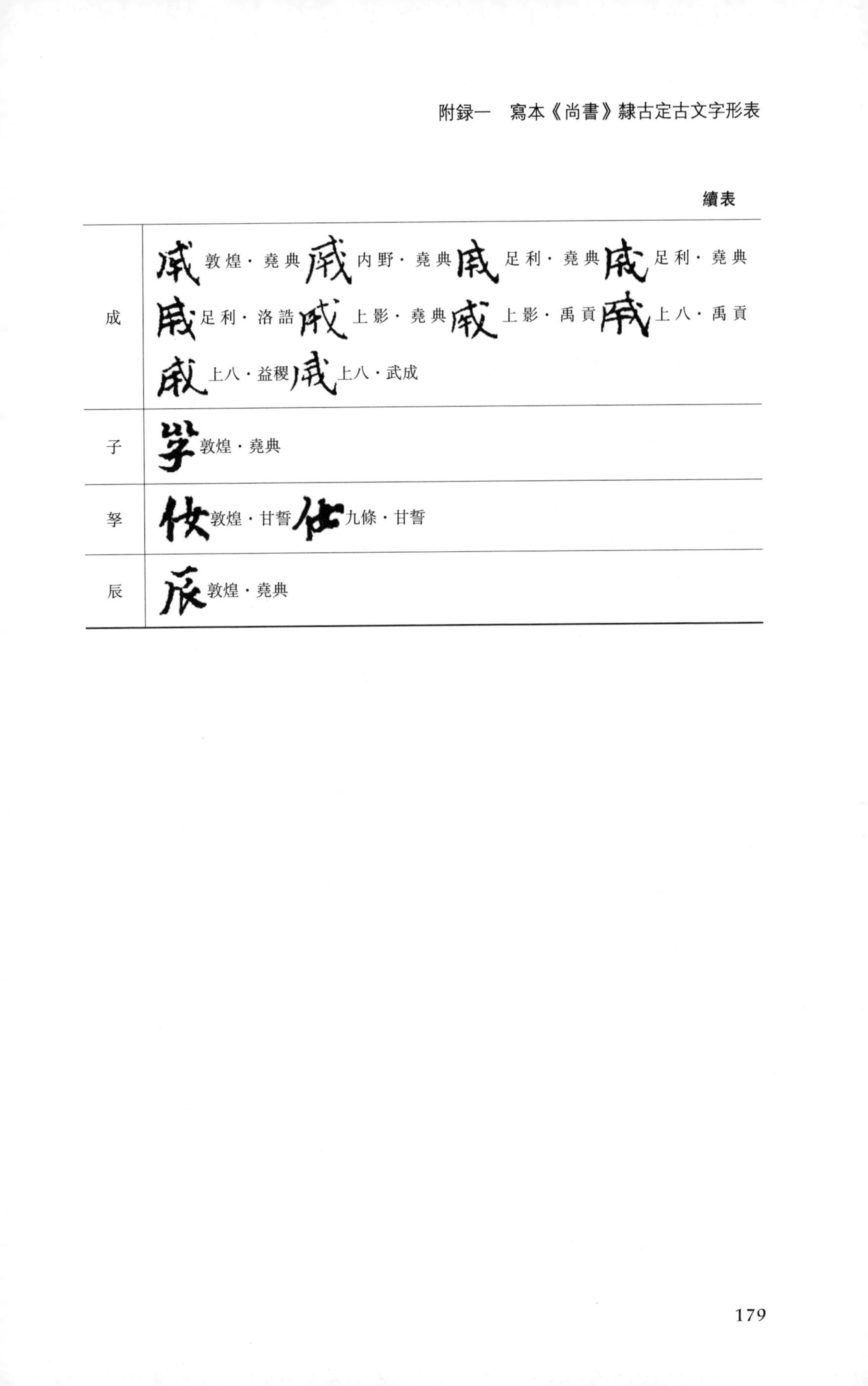

續表

成	敦煌・堯典 內野・堯典 足利・堯典 足利・堯典 足利・洛誥 上影・堯典 上影・禹貢 上八・禹貢 上八・益稷 上八・武成
子	敦煌・堯典
孥	敦煌・甘誓 九條・甘誓
辰	敦煌・堯典

附録二　寫本《尚書》隸楷異體字字形表

第一卷

字	字形
丕	上元·盤庚　岩崎·盤庚　上八·金縢
禄	足利·咸有一德　上影·咸有一德　上八·咸有一德　九條·君奭　足利·周官　上八·周官　上影·畢命　上八·畢命　内野·大禹謨
禮	上影·舜典
祗	内野·大禹謨　足利·禹貢　上影·禹貢　上八·禹貢　神田·泰誓
祇	内野·皋陶謨　足利·皋陶謨　足利·太甲　敦煌·武成　内野·武成　敦煌·無逸　九條·君奭　神田·泰誓
祭	足利·説命　上影·説命　上元·高宗　足利·高宗　八行·高宗　八行·泰誓　内野·洛誥　足利·洛誥　上八·顧命
閏	上影·堯典　上八·堯典

續表

字	字形及出處
璿	敦煌・舜典　内野・舜典上影・舜典　上八・舜典
璆	敦煌・禹貢　九條・禹貢　足利・禹貢
珍	島田・旅獒　足利・旅獒　上影・旅獒
靈	足利・盤庚　上八・盤庚　上影・多士　足利・泰誓　上八・泰誓　神田・泰誓　敦煌・多士
荅	足利・牧誓　上影・牧誓　上八・牧誓　敦煌・顧命　足利・康王之誥
蘇	足利・仲虺之誥　上影・仲虺之誥　上八・仲虺之誥　九條・立政　足利・立政
葛	上影・胤征　上八・胤征　九條・仲虺之誥　内野・仲虺之誥
荆	内野・禹貢　内野・禹貢
茲	敦煌・盤庚　敦煌・説命
萃	敦煌・武成
蔽	上八・湯誥　上八・湯誥　内野・康誥　上影・康誥　上八・康誥　上八・大禹謨
蔡	足利・禹貢　上八・禹貢　内野・蔡仲之命

續表

蕃	上影·洪範 内野·微子之命
莫	上八·大禹謨 上影·仲虺之誥
蕩	敦煌·盤庚 岩崎·盤庚

第二卷

曾	上影·武成
悉	九條·湯誓 内野·湯誓 上元·盤庚 上八·君
釋	内野·大禹謨 敦煌·武成 上八·武成 敦煌·多方 觀智院·康王之誥 足利·武成 上影·多方 内野·多方
叛	島田·大誥 上八·大誥
閑	足利·畢命 上八·畢命
犁	上影·泰誓 上八·泰誓
召	九條·甘誓 敦煌·微子
問	足利·仲虺之誥 上八·仲虺之誥 上影·金縢
嗟	敦煌·甘誓 九條·甘誓 足利·甘誓 敦煌·胤征 内野·胤征 上影·胤征 神田·泰誓 敦煌·牧誓 岩崎·吕刑
哀	九條·召誥 九條·召誥 上八·召誥

續表

嚮	足利·洪範　上八·洪範　足利·洪誥　上影·洪誥　上八·洛誥 觀智院·顧命　觀智院·顧命　上元·盤庚　岩崎·盤庚
嚴	上影·呂刑　内野·呂刑　足利·呂刑　九條·立政 内野·立政　上八·皋陶謨　内野·無逸　足利·無逸 上影·皋陶謨　上影·顧命　足利·顧命　上八·顧命
單	足利·湯誥　上影·湯誥　上八·湯誥　上影·洛誥　上八·洛誥
止	敦煌·牧誓
歷	上影·舜典　敦煌·大禹謨　敦煌·盤庚　岩崎·盤庚 敦煌·君奭　九條·召誥　敦煌·無逸　内野·盤庚
歸	上八·蔡仲之命　足利·蔡仲之命　上影·周官　足利·周官 觀智院·周官　足利·湯誥
登	内野·泰誓　足利·酒誥　上八·酒誥
步	敦煌·牧誓　敦煌·武成　神田·武成　内野·武成　足利·武成 上影·武成　上八·武成
征	上影·大禹謨　敦煌·武成
徂	上影·胤征　岩崎·說命

續表

適	九條·胤征 上八·康誥
逆	内野·大禹謨 内野·禹貢 敦煌·大響謨 島田·洪範
遘	上八·金縢 敦煌·洛誥
遜	上八·康誥 上八·康誥
還	内野·周官 足利·周官 上八·周官 觀智院·顧命 上影·周官
巡	内野·舜典 足利·舜典 上影·舜典
違	内野·舜典 内野·益稷 上八·益稷
遯	敦煌·説命 上元·説命 足利·説命
遺	上八·多士 上影·康王之誥 上影·多士
遷	足利·盤庚 上八·皋陶謨 上影·益稷 上影·盤庚 敦煌·多士
逮	上八·周官 岩崎·冏命 岩崎·吕刑
達	内野·舜典 上八·皋陶謨 敦煌·禹貢
遺	上影·多士 上八·多士 上影·君牙
遠	内野·舜典 足利·皋陶謨 足利·盤庚 觀智院·顧命 敦煌·大禹謨

續表

德	内野·舜典 足利·舜典 上八·湯誓 上影·伊訓 敦煌·無逸 上影·咸有一德 上影·多士 上影·畢命 上影·大禹謨
復	足利·舜典 足利·盤庚 敦煌·盤庚 岩崎·盤庚 敦煌·説命 足利·説命 上影·説命 上影·盤庚 上影·舜典 上八·説命
循	敦煌·胤征 九條·胤征 觀智院·顧命 足利·顧命 上影·顧命 上八·顧命
微	上影·舜典 上八·舜典 敦煌·微子
退	内野·益稷 足利·益稷
律	足利·舜典 上影·益稷
御	上影·大誥 内野·召誥 岩崎·冏命 九條·大誥 九條·甘誓
延	上八·大禹謨 足利·大誥 九條·召誥 敦煌·君奭 上影·君奭
建	上影·盤庚 敦煌·武成 敦煌·盤庚 岩崎·盤庚 上元·盤庚
徇	上影·胤征

續表

齒	岩崎・禹貢 内野・禹貢 九條・蔡仲之命 足利・蔡仲之命 上影・蔡仲之命 上八・蔡仲之命
蹈	岩崎・君牙 足利・君牙 上影・君牙
距	上影・益稷 敦煌・禹貢 九條・禹貢
路	足利・胤征 上八・胤征
器	敦煌・舜典 内野・舜典 上八・舜典

第三卷

商	上八・仲虺之誥 敦煌・立政 内野・費誓 上影・費誓 内野・立政 上影・立政
糾	岩崎・冏命 足利・冏命
謂	上影・伊訓 内野・伊訓 上影・伊訓 足利・泰誓 足利・洪範 上影・洪範
謨	上影・胤征 上八・胤征
議	足利・周官 上影・周官
謹	九條・胤征 足利・胤征
諶	内野・咸有一德 九條・君奭

續表

字	字形
誠	敦煌・大禹謨
誓	上影・牧誓
説	足利・説命　内野・説命　敦煌・説命　上影・康誥
設	岩崎・説命　内野・顧命
譸	敦煌・無逸　敦煌・無逸　内野・無逸　敦煌・無逸
誕	内野・湯誥　敦煌・盤庚　岩崎・盤庚　足利・泰誓　神田・泰誓　内野・泰誓　上八・大誥　上影・君奭
讒	内野・舜典　岩崎・盤庚　内野・益稷　上影・舜典　上八・舜典　上八・益稷　上影・益稷　上影・舜典
讓	上八・舜典　足利・舜典
善	内野・湯誥　敦煌・説命
響	上影・大禹謨　上八・大禹謨
業	上影・皋陶謨　岩崎・盤庚　上影・盤庚　足利・周官
叢	敦煌・無逸　敦煌・無逸　内野・益稷　上影・益稷　内野・無逸　上影・無逸

續表

僕	足利·無逸 上八·立政 足利·冏命 敦煌·立政 敦煌·立政 岩崎·冏命 九條·立政
戒	天理·太甲 敦煌·説命 敦煌·説命 敦煌·蔡仲之命 敦煌·立政 敦煌·君陳 九條·五子之歌
與	上八·舜典 上影·舜典 上影·金縢 上八·金縢 足利·金縢 敦煌·盤庚 上八·大禹謨
興	内野·大禹謨 足利·大禹謨 上影·益稷 上影·太甲 上影·洪範 上影·微子 上八·微子
羹	敦煌·説命 岩崎·説命 上元·説命 上影·説命
肱	上八·益稷 九條·酒誥
燮	足利·洪範 上八·洪範 足利·周官 上八·周官 内野·顧命 足利·顧命
叔	上八·舜典 上八·蔡仲之命
支	敦煌·禹貢 九條·禹貢
肄	内野·顧命 内野·顧命 足利·顧命 上影·顧命
肅	上八·泰誓 天理·太甲 上八·太甲 内野·洪範 上八·周官 足利·周官 上影·泰誓 足利·泰誓

續表

書	足利・堯典
晝	足利・顧命
晝	上八・益稷
殳	敦煌・舜典　上影・舜典　上八・舜典
毅	足利・皋陶謨　上影・皋陶謨
役	神田・牧誓　島田・旅獒　敦煌・洛誥
殺	敦煌・無逸　敦煌・泰誓　敦煌・大禹謨　九條・胤征　上八・康誥　敦煌・洛誥　敦煌・無逸　九條・酒誥
將	内野・舜典　足利・舜典　敦煌・五子之歌　足利・洛誥　足利・盤庚　足利・微子　足利・舜典　九條・五子之歌　内野・五子之歌　九條・胤征　内野・胤征　足利・湯誥　上八・湯誥　敦煌・盤庚　敦煌・盤庚　上元・盤庚　上八・大誥
啟	敦煌・禹貢　敦煌・甘誓　九條・甘誓　内野・甘誓
肇	敦煌・武成　九條・酒誥　敦煌・舜典　足利・伊訓　上影・舜典
變	天理・舜典　敦煌・無逸　上八・舜典　上元・盤庚　足利・君陳　足利・無逸　上影・無逸

續表

斂	敦煌・微子 足利・微子 上影・微子 上八・微子 内野・洪範 足利・洪範
敵	岩崎・微子 上元・微子 上八・微子 敦煌・武成 敦煌・君奭 九條・君奭 内野・君奭 足利・微子 敦煌・微子 上八・泰誓
數	内野・太甲 天理・太甲 上八・微子之命
赦	九條・胤征 岩崎・吕刑 岩崎・吕刑 上八・胤征
寇	島田・洪範 上八・洪範 敦煌・立政 觀知院・周官 岩崎・吕刑 敦煌・費誓 九條・費誓 上八・周官 内野・康誥 上八・立政 足利・吕刑
收	敦煌・君奭 上影・君奭 上八・君奭 足利・顧命 上八・顧命
鼓	上影・益稷 内野・胤征 九條・胤征 觀知院・顧命
斆	足利・盤庚 岩崎・盤庚 敦煌・説命 岩崎・説命 敦煌・説命 岩崎・説命 足利・周官 上影・周官 内野・説命 上八・説命 内野・説命
爾	内野・大禹謨 上八・胤征 上八・湯誓 内野・伊訓 内野・盤庚

續表

爽	敦煌・盤庚　岩崎・盤庚　敦煌・武成　上八・武成　上影・多方　足利・太甲　足利・武成

第四卷

眩	岩崎・説命　内野・説命
睦	内野・説命　足利・舜典　上影・舜典　上八・舜典　内野・蔡仲之命　足利・蔡仲之命　内野・多方　上野・多方
眚	上八・康誥　内野・康誥　上影・康誥
瞽	敦煌・舜典　内野・舜典　上影・舜典　上影・胤征
瞍	上影・大禹謨　上八・大禹謨
奭	敦煌・君奭　内野・君奭　上八・君奭　九條・君奭
雕	觀智院・顧命　上八・顧命　上影・顧命
奪	上八・舜典　上影・吕刑
奮	内野・舜典　上影・舜典
舊	敦煌・胤征　内野・仲虺之誥　上影・仲虺之誥　内野・盤庚　岩崎・盤庚　上影・盤庚　敦煌・説命　岩崎・説命　敦煌・微子　九條・蔡仲之命　上影・君牙　岩崎・君牙　上八・仲虺之誥　足利・仲虺之誥

續表

難	足利・舜典 上影・舜典 上八・皋陶謨 上影・説命 內野・君奭 內野・秦誓
於	敦煌・五子之歌 上影・舜典 敦煌・舜典 上影・舜典 內野・大禹謨 九條・胤征 敦煌・益稷 上影・金縢 足利・顧命 觀智院・顧命
焉	上八・牧誓 足利・牧誓 上八・秦誓 內野・金縢
鴟	足利・金縢 上影・金縢
幽	內野・舜典 上八・舜典
爰	敦煌・盤庚 上元・盤庚
受	足利・皋陶謨 敦煌・西伯戡黎 敦煌・西伯戡黎
睿	內野・洪範 足利・洪範上影・洪範 島田・洪範
殘	上影・秦誓 足利・秦誓 上影・秦誓 上八・秦誓
殄	敦煌・舜典 岩崎・畢命 內野・畢命 敦煌・多方 上影・多方
膚	岩崎・盤庚 內野・盤庚 上元・盤庚 足利・盤庚 上八・盤庚
腹	上影・盤庚 上影・盤庚 足利・盤庚

續表

股	上影·益稷 敦煌·益稷 上影·益稷 敦煌·説命
脛	敦煌·泰誓 足利·泰誓 上八·泰誓
胤	敦煌·胤征 敦煌·胤征 九條·胤征 内野·胤征 上影·胤征 足利·胤征 八行·胤征 敦煌·高宗肜日 内野·高宗肜日 上元·高宗肜日 足利·高宗肜日 上影·高宗肜日 上八·堯典
脩	敦煌·説命 敦煌·説命 内野·説命 神田·泰誓 敦煌·武成
胥	上影·梓材 足利·太甲 上影·康王之誥 上影·太甲 岩崎·盤庚 敦煌·盤庚 島田·大誥 上八·無逸 敦煌·多方 敦煌·無逸
脞	敦煌·益稷 内野·益稷
初	内野·舜典 上八·大禹謨 敦煌·多方
罰	敦煌·大禹謨 九條·甘誓 敦煌·胤征 敦煌·盤庚 敦煌·盤庚 岩崎·吕刑 上八·康誥 上八·大禹謨
刑	敦煌·舜典 足利·舜典 上八·吕刑 上八·吕刑

第五卷

節	九條·召誥

續表

篇	足利・太甲
筮	島田・洪範 島田・洪範 敦煌・君奭 上影・君奭
籩	敦煌・武成 上影・武成 上八・武成
篚	岩崎・禹貢 岩崎・禹貢 敦煌・武成 神田・武成 上影・禹貢
箴	上元・盤庚 上元・盤庚
箘	岩崎・禹貢 上影・禹貢
簫	敦煌・益稷 内野・益稷 足利・益稷 上八・益稷 上影・益稷
左	上八・益稷 足利・甘誓 上影・畢命 足利・立政
差	内野・吕刑 上影・吕刑 上八・吕刑 足利・吕刑
巨	岩崎・説命
號	敦煌・大禹謨 足利・大禹謨 足利・冏命 上八・大禹謨
虧	島田・旅獒 内野・旅獒 足利・旅獒 上八・旅獒
彭	岩崎・禹貢 上影・禹貢 足利・禹貢 神田・牧誓 足利・牧誓
豆	敦煌・武成

續表

虐	上影·舜典 上八·舜典 足利·大禹謨 足利·益稷 内野·湯誥 敦煌·盤庚 内野·盤庚 上元·盤庚 上八·盤庚 敦煌·盤庚 岩崎·盤庚 上八·盤庚 内野·泰誓 足利·泰誓 上八·泰誓 神田·泰誓 敦煌·武成 足利·金縢 九條·梓材 上八·梓材 敦煌·多方 上八·多方
盧	敦煌·牧誓 足利·牧誓 上八·牧誓 九條·立政 敦煌·立政
盡	内野·金縢 上八·康誥 足利·康誥 足利·咸有一德
彤	觀智院·顧命 足利·顧命 上八·足利 上影·顧命 内野·顧命 九條·文侯之命
鬯	九條·文侯之命
爵	敦煌·說命 敦煌·武成
曷	上影·五子之歌 内野·盤庚
飫	敦煌·大禹謨
僉	敦煌·舜典 上八·舜典 上八·舜典
會	上影·泰誓 足利·洪範

續表

射	敦煌·盤庚 九條·秦誓
稟	敦煌·説命 岩崎·説命 上影·説命 上八·説命
亶	敦煌·盤庚 岩崎·盤庚 上元·盤庚 神田·泰誓 敦煌·君奭 足利·君奭
牆	敦煌·五子之歌 上八·費誓 九條·五子之歌 九條·費誓 觀智院·周官 足利·周官 足利·費誓
致	九條·湯誓 上元·盤庚 敦煌·多士 敦煌·多士 敦煌·蔡仲之命 敦煌·多方
憂	内野·皋陶謨 上影·皋陶謨 上影·太甲 足利·盤庚 上影·盤庚 上影·説命 上影·秦誓
夏	足利·舜典 上影·舜典 足利·禹貢 上影·禹貢 上影·湯誓 足利·湯誥 上影·湯誥 上八·多士 上影·多方 上影·多方 上影·立政
舜	内野·舜典 足利·舜典 内野·舜典 敦煌·舜典 上影·大禹謨 敦煌·説命 敦煌·説命
弟	九條·五子之歌 岩崎·吕刑 足利·堯典

第六卷

字	字形
柰	上影・五子之歌 上八・五子之歌
權	神田・泰誓 足利・泰誓 上影・泰誓 上八・泰誓 足利・泰誓 岩崎・吕刑 足利・吕刑
穀	内野・舜典 上八・舜典 足利・大禹謨 岩崎・吕刑
榮	上影・周官 足利・秦誓 上影・秦誓
桐	上影・太甲
樸	九條・梓材 内野・梓材
極	岩崎・禹貢 上八・洪範 島田・洪範 上八・洪範 内野・洪範 島田・洪範
盤	敦煌・五子之歌 敦煌・説命
樂	上八・舜典 上影・大禹謨 上八・大禹謨 上影・無逸 上影・舜典
析	九條・禹貢 九條・禹貢 敦煌・盤庚
休	上影・益稷 天理・太甲 敦煌・泰誓 敦煌・武成 敦煌・君奭 岩崎・吕刑
鬱	九條・五子之歌 足利・五子之歌 上八・五子之歌

續表

麓	敦煌・舜典 内野・舜典 足利・舜典 上影・舜典
師	上八・大禹謨 上影・大禹謨 上八・益稷 上影・太甲 足利・君陳 足利・太甲
因	九條・禹貢 敦煌・多方 内野・五子之歌 上影・五子之歌
贊	内野・皋陶謨 上八・皋陶謨
賚	敦煌・武成 内野・湯誓 上影・湯誓 上八・湯誓
郊	神田・牧誓 上影・金縢 内野・費誓

第七卷

時	足利・舜典 上八・益稷 上影・洛誥 上影・多士 足利・君奭 上影・文侯之命
昭	上八・舜典 上影・舜典 上影・益稷 上影・湯誥 敦煌・君奭 足利・文侯之命
昃	内野・無逸 足利・無逸 上影・無逸
暘	内野・舜典 足利・舜典 上影・舜典
暴	上影・泰誓 敦煌・立政 敦煌・牧誓 上八・泰誓 上八・周官 上影・湯誥 神田・武成 上八・武成

續表

昵	敦煌·説命　岩崎·説命　足利·説命　上影·説命　上八·説命　内野·高宗肜日　足利·高宗肜日　上影·高宗肜日　上八·高宗肜日　上影·泰誓　上八·泰誓
遊	上影·大禹謨　上八·大禹謨　敦煌·君奭　九條·君奭　上影·君奭　上八·益稷　敦煌·五子之歌　足利·伊訓　上影·伊訓
旅	内野·大禹謨　足利·大禹謨　上影·牧誓　足利·武成　上八·旅獒　上影·多方　上影·立政
參	岩崎·西伯戡黎　上元·西伯戡黎　足利·西伯戡黎　上影·西伯戡黎　上八·西伯戡黎
晨	神田·牧誓　内野·牧誓
齊	上八·堯典　足利·吕刑　上影·吕刑　足利·牧誓
稷	内野·舜典　上影·舜典　足利·舜典　上影·舜典　足利·益稷　内野·太甲　上影·太甲　足利·酒誥　觀智院·君陳　足利·君陳　岩崎·吕刑　内野·吕刑　岩崎·盤庚　上元·盤庚　九條·酒誥
顈	内野·微子之命　足利·微子之命　上影·微子之命　上八·微子之命

續表

秩	足利・舜典 内野・皋陶謨 敦煌・舜典 上八・洛誥 敦煌・洛誥
秕	九條・仲虺之誥
年	敦煌・高宗肜日 内野・泰誓 上八・泰誓 上八・泰誓 足利・梓材 上影・召誥 上影・洛誥 上影・無逸 上影・周官
秋	敦煌・胤征 上影・金縢 岩崎・盤庚
稱	足利・湯誓 足利・牧誓 内野・君奭
兼	内野・仲虺之誥 敦煌・立政 敦煌・立政 九條・立政 上八・立政 上影・康王之誥 上八・康王之誥 内野・仲虺之誥 上八・立政
黍	岩崎・盤庚 内野・盤庚 上元・盤庚 上八・盤庚 九條・酒誥 上影・酒誥 足利・酒誥 内野・君陳 觀智院・君陳 足利・君陳 上影・君陳 上八・君陳
黎	上影・舜典 上八・舜典 足利・大禹謨 上影・益稷 上八・西伯戡黎 足利・皋陶謨 上八・大禹謨 足利・皋陶謨 上影・益稷 九條・五子之歌 上八・五子之歌 上八・洛誥 上八・呂刑 古梓堂・秦誓 上影・西伯戡黎 敦煌・洛誥 上八・秦誓

續表

糗	九條・費誓　上影・費誓　上八・費誓
竊	敦煌・微子　敦煌・微子　岩崎・微子　上元・微子　足利・微子　上影・微子　上八・微子　九條・費誓　内野・費誓　上影・費誓　上八・費誓
凶	足利・泰誓　上影・泰誓　上八・泰誓　島田・洪範
定	上八・舜典　敦煌・胤征　上八・胤征　上八・盤庚　敦煌・盤庚　上影・畢命　上元・盤庚
寔	九條・仲虺之誥
察	岩崎・吕刑　上八・吕刑　上八・吕刑　内野・吕刑　上八・吕刑　内野・吕刑　上影・吕刑　上八・吕刑　上影・吕刑
宥	觀智院・君陳
寡	九條・梓材　敦煌・無逸　觀智院・康王之誥　觀智院・畢命　岩崎・吕刑
害	内野・多方　上影・湯誥　敦煌・武成　敦煌・盤庚　上影・盤庚　上八・秦誓　上八・多方　内野・多方　上影・多方
宄	敦煌・舜典　上八・舜典

續表

營	足利・太甲 上影・太甲 上影・洛誥 上八・太甲
躬	天理・咸有一德 岩崎・說命
竄	敦煌・舜典 內野・舜典 足利・舜典 上影・舜典 上八・舜典
窮	九條・五子之歌 上影・五子之歌 天理・太甲 岩崎・畢命
瘳	岩崎・盤庚 上元・盤庚 足利・盤庚 上八・盤庚
覆	敦煌・五子之歌 敦煌・胤征 天理・太甲 內野・呂刑 九條・胤征 上影・胤征 上八・胤征 足利・湯誥 上影・湯誥
幣	九條・召誥 上八・召誥 觀智院・康王之誥 上八・康王之誥

第八卷

俊	上影・武成 足利・舜典 上影・舜典 足利・說命 上影・說命
備	內野・說命 上影・說命 上八・說命 上影・洪範 足利・呂刑 島田・洪範 敦煌・說命 敦煌・說命 岩崎・呂刑
儀	足利・益稷 足利・酒誥 上影・酒誥 上八・顧命

續表

衆	内野・大禹謨　足利・大禹謨　上八・大禹謨　敦煌・大禹謨　内野・胤征　内野・胤征　九條・胤征
監	足利・太甲　上影・太甲　上影・咸有一德　上影・高宗肜日　上八・高宗肜日　敦煌・微子　足利・微子　九條・酒誥　上影・梓材　九條・君奭　上影・吕刑
卒	敦煌・舜典　九條・蔡仲之命
朕	敦煌・舜典　敦煌・泰誓　上影・盤庚　上影・洛誥　上八・大禹謨
服	敦煌・舜典　内野・舜典　敦煌・禹貢　足利・禹貢　敦煌・禹貢　九條・禹貢　岩崎・盤庚　敦煌・盤庚　敦煌・武成　上八・周官　上八・文侯之命
貌	足利・洪範　上影・洪範　足利・洪範　内野・吕刑　島田・洪範　内野・洪範　上八・洪範
觀	足利・舜典　上影・舜典　上八・舜典　足利・咸有一德　岩崎・盤庚　神田・泰誓　上影・泰誓　上八・泰誓　足利・酒誥　上影・酒誥　上八・酒誥　九條・召誥　敦煌・洛誥　岩崎・吕刑
歡	敦煌・洛誥　足利・洛誥　上影・洛誥　上八・洛誥

第九卷

顛	岩崎·盤庚 敦煌·胤征 敦煌·微子 敦煌·胤征 九條·胤征 九條·胤征
頷	上八·益稷
願	敦煌·大禹謨 内野·大禹謨 足利·大禹謨 上影·大禹謨
顧	敦煌·多方 上影·太甲 内野·召誥 足利·召誥 上影·召誥 九條·多方 觀智院·康王之誥 上影·多方
顯	足利·仲虺之誥 上影·仲虺之誥 上八·太甲 敦煌·説命 上元·説命 上八·説命 神田·泰誓 九條·酒誥 上影·召誥 九條·召誥 上八·召誥 敦煌·洛誥 上八·洛誥 上八·多士 上八·多士 上八·文侯之命 足利·君牙 上影·泰誓 上影·多士 足利·康誥
面	内野·益稷 内野·顧命 上影·顧命
湎	内野·酒誥 上八·酒誥 内野·泰誓
須	敦煌·多方 九條·多方 觀智院·顧命
彰	上影·益稷 内野·皋陶謨 上八·皋陶謨 足利·皋陶謨 足利·益稷 上影·皋陶謨 上影·畢命 上八·益稷

續表

彦	足利・太甲　天理・太甲　上影・立政　九條・立政　敦煌・秦誓　九條・秦誓
卿	敦煌・甘誓　敦煌・甘誓　九條・甘誓　上八・甘誓　内野・微子　上八・微子　敦煌・牧誓　足利・甘誓　上影・甘誓
即	敦煌・舜典　上八・舜典
島	敦煌・禹貢　内野・禹貢　上影・禹貢　上八・禹貢　足利・禹貢
巖	岩崎・説命　上元・説命　上八・説命　上八・説命　足利・立政　上影・立政　足利・説命
崑	内野・禹貢
庭	岩崎・盤庚　上元・盤庚　上八・盤庚　敦煌・盤庚　岩崎・盤庚　敦煌・多士　敦煌・多方　九條・多方　内野・周官　觀智院・顧命
肆	足利・舜典　上八・大禹謨　上元・盤庚　敦煌・蔡仲之命
豬	岩崎・禹貢　内野・禹貢　上八・禹貢　九條・禹貢　敦煌・禹貢
貍	敦煌・禹貢

第十卷

駿	足利・武成 上影・武成 上八・武成
篤	敦煌・洛誥 敦煌・洛誥
麗	敦煌・多方 足利・多方 上影・多方 上八・多方 內野・多方 足利・吕刑
逸	上八・多方 敦煌・胤征 敦煌・胤征 九條・胤征 上元・盤庚 上元・盤庚 上八・酒誥 內野・酒誥 九條・多方 敦煌・立政 敦煌・立政 九條・立政 九條・酒誥
獨	上影・仲虺之誥 足利・泰誓 足利・洪範
獻	內野・益稷 上八・益稷 敦煌・微子 內野・微子 足利・微子 上八・微子 上八・旅獒 足利・大誥 上八・微子之命 九條・酒誥 足利・酒誥 上影・酒誥 內野・酒誥 足利・酒誥 上影・酒誥
鼠	岩崎・禹貢 內野・禹貢 足利・禹貢 上影・禹貢 上八・禹貢 九條・禹貢 足利・禹貢 上影・禹貢 上八・禹貢 九條・禹貢
能	上八・大禹謨 敦煌・五子之歌 上八・仲虺之誥 上八・盤庚 敦煌・君奭 九條・君奭 上影・盤庚

續表

罷	敦煌・舜典 九條・禹貢
烝	敦煌・舜典 内野・舜典 内野・舜典 足利・舜典 内野・咸有一德 上影・咸有一德 内野・武成 足利・武成 上影・武成 敦煌・立政 九條・立政
燄	敦煌・洛誥 内野・洛誥 足利・洛誥 上影・洛誥 上八・洛誥
亦	岩崎・盤庚 岩崎・盤庚 岩崎・盤庚 神田・泰誓 上八・康誥 九條・召誥 敦煌・多方 敦煌・多方 敦煌・立政 觀智院・君陳 内野・畢命 内野・君牙
夭	岩崎・禹貢 敦煌・高宗肜日 岩崎・高宗肜日 上元・高宗肜日
慮	天理・太甲 足利・太甲 上八・太甲 敦煌・説命 岩崎・説命 内野・説命 上元・説命 足利・太甲 上八・太甲
應	内野・益稷 觀智院・康王之誥 上影・康王之誥
憲	九條・胤征 内野・胤征 敦煌・説命 敦煌・説命 上元・説命
恭	上影・舜典 上八・舜典 内野・大禹謨 上影・皋陶謨 敦煌・君奭 上影・盤庚 内野・堯典 足利・堯典 上八・堯典 上影・牧誓 上影・洪範 足利・君奭

續表

慆	内野・湯誥 足利・湯誥 上影・湯誥 上影・湯誥
慢	敦煌・大禹謨 内野・大禹謨 上影・大禹謨 上八・咸有一德
惡	岩崎・盤庚 上影・盤庚 敦煌・説命 足利・蔡仲之命 上影・蔡仲之命
恐	敦煌・西伯戡黎 上元・西伯戡黎 上八・西伯戡黎 上元・西伯戡黎 足利・金縢 上影・金縢 敦煌・盤庚 敦煌・説命
恥	敦煌・説命 敦煌・説命 岩崎・説命 内野・説命 上元・説命 足利・説命 上影・説命 上八・説命
懷	足利・堯典 敦煌・堯典 上影・堯典 足利・説命 上影・説命 上八・説命 上影・盤庚
忝	敦煌・堯典 足利・堯典 上八・堯典 上影・堯典 上元・太甲 内野・太甲 足利・太甲 上影・太甲 上八・太甲
怩	敦煌・五子之歌 内野・五子之歌 上影・五子之歌 上八・五子之歌
悦	内野・太甲 足利・太甲 上八・太甲 内野・太甲

第十一卷

沱	岩崎・禹貢 内野・禹貢 上八・禹貢 敦煌・禹貢 九條・禹貢

續表

涇	九條・禹貢 足利・禹貢 上八・禹貢 九條・禹貢 足利・禹貢 上影・禹貢 上八・禹貢
渭	上八・禹貢 九條・禹貢 足利・禹貢
漢	敦煌・禹貢 内野・禹貢 九條・禹貢 足利・禹貢 上影・禹貢 足利・禹貢
沔	敦煌・禹貢
漆	九條・禹貢 内野・禹貢 上八・禹貢 内野・禹貢 上影・禹貢 敦煌・禹貢 上影・禹貢 足利・禹貢 九條・禹貢
涉	敦煌・盤庚 岩崎・盤庚 上元・盤庚 敦煌・微子 敦煌・微子 岩崎・微子 敦煌・泰誓 足利・泰誓 敦煌・泰誓 神田・泰誓
滔	敦煌・堯典 足利・堯典 上八・堯典 内野・堯典 上影・堯典 上影・益稷
淺	足利・禹貢 上影・禹貢
潤	足利・洪範 上影・洪範 上影・畢命
濱	敦煌・禹貢 岩崎・禹貢 上八・禹貢

續表

鮌	上影・舜典 足利・舜典 内野・洪範 上八・洪範 上影・洪範
竄	敦煌・舜典 内野・舜典 足利・舜典 上影・舜典 上八・舜典
龍	上八・舜典 敦煌・舜典 足利・禹貢 上影・舜典 上八・舜典
鰥	敦煌・堯典 内野・堯典 上八・堯典 上影・堯典 上影・大誥 上八・無逸 上八・吕刑 上影・堯典 上八・大誥 敦煌・無逸 敦煌・無逸 足利・無逸 上影・吕刑 敦煌・無逸 内野・無逸 岩崎・吕刑 内野・吕刑
鮮	敦煌・立政 上八・立政 足利・益稷 足利・立政 上影・立政 上八・益稷

第十二卷

鹽	敦煌・禹貢 岩崎・禹貢 内野・禹貢 足利・禹貢 上八・禹貢 敦煌・説命 上元・説命 上影・説命
閉	内野・大誥 足利・大誥 上影・大誥 上八・大誥

續表

閲	敦煌・多方 上八・多方 上影・吕刑
聰	内野・舜典 足利・舜典 上影・舜典 足利・皋陶謨 九條・仲虺之誥 岩崎・説命 上影・洪範 上影・堯典 岩崎・冏命 九條・蔡仲之命 上影・酒誥 上八・洪範
聞	上八・堯典 上影・胤征 上影・湯誓 上影・盤庚 足利・泰誓
門	上影・舜典 上八・舜典 足利・禹貢
閎	足利・君奭 上八・君奭
開	敦煌・多方 足利・多方 上影・多方 上八・多方
關	敦煌・五子之歌 九條・五子之歌 内野・五子之歌 足利・五子之歌 上影・五子之歌 上八・五子之歌
閲	敦煌・多方 内野・多方 足利・多方 上八・多方 上影・吕刑
閔	足利・君奭 上影・君奭 上八・文侯之命
聖	足利・冏命 上影・冏命 足利・君陳 上影・君陳 上影・多方

續表

聽	敦煌·大禹謨 上八·大禹謨 内野·益稷 九條·湯誓 敦煌·盤庚 内野·盤庚 敦煌·高宗肜日 神田·泰誓 上八·康誥 敦煌·多方 内野·吕刑 足利·仲虺之誥 上影·益稷 上影·多士 足利·吕刑 足利·秦誓
職	敦煌·胤征 敦煌·胤征 内野·胤征 上八·胤征
拜	内野·舜典 上影·舜典 上八·舜典 足利·大禹謨 上八·大禹謨 上八·太甲 上影·召誥 内野·洛誥 敦煌·洛誥 上影·舜典 足利·大禹謨
攘	足利·康誥 上影·康誥 上影·吕刑
持	上影·召誥 足利·召誥
承	内野·大禹謨 上八·太甲 上八·説命 敦煌·武成 足利·武成 内野·洛誥 上八·洛誥 敦煌·多士 内野·多士 岩崎·君牙
投	内野·大誥 上影·大誥
擾	足利·皋陶謨 上影·皋陶謨 上八·皋陶謨 敦煌·胤征 上影·胤征
舉	上八·益稷 内野·周官 足利·周官

續表

揆	敦煌·舜典　内野·舜典　足利·舜典　上八·舜典　足利·禹貢　上影·周官　上八·周官
括	敦煌·君奭　足利·君奭　上影·君奭　上八·君奭
姦	上八·堯典　足利·盤庚
戰	上影·仲虺之誥　足利·牧誓　内野·仲虺之誥
義	九條·胤征　内野·胤征　上八·胤征　敦煌·胤征　足利·太甲　上影·康誥　足利·康王之誥
望	足利·舜典　上影·舜典
匹	天理·咸有一德　九條·文侯之命
匡	敦煌·説命　敦煌·説命　岩崎·説命　上元·説命　上影·盤庚　天理·太甲
匯	敦煌·禹貢　九條·禹貢　内野·禹貢
匪	天理·咸有一德　上元·説命
引	上影·大禹謨　上八·康誥
張	觀智院·康王之誥
弘	上八·康王之誥　岩崎·君牙　上八·康誥

續表

彊	上八·洪範
發	敦煌·微子 上八·泰誓 敦煌·牧誓 上八·武成 敦煌·武成 上影·冏命 上八·吕刑 上影·牧誓 上影·牧誓 上元·盤庚 足利·盤庚 上影·盤庚 上影·微子 岩崎·盤庚 内野·盤庚 神田·泰誓 岩崎·冏命 岩崎·冏命 上元·微子
廢	上影·盤庚 敦煌·盤庚 岩崎·盤庚

第十三卷

孫	上影·五子之歌 上八·立政 敦煌·立政 内野·立政
經	足利·大禹謨 上影·大禹謨 上八·大禹謨 敦煌·君奭 觀智院·顧命 上八·君奭 九條·酒誥
紹	岩崎·盤庚 九條·文侯之命
縱	内野·太甲 天理·太甲 足利·太甲 上影·太甲 上八·太甲 足利·酒誥 上影·酒誥 上八·酒誥
總	敦煌·禹貢 岩崎·盤庚 内野·盤庚 足利·説命 上影·説命 上元·盤庚 敦煌·盤庚 岩崎·盤庚

續表

揔	敦煌・大禹謨　上八・大禹謨　足利・大禹謨　上影・大禹謨
網	岩崎・盤庚
罔	上影・益稷　敦煌・胤征　内野・胤征　足利・説命 上影・説命　上影・金縢　上八・康誥　敦煌・胤征 内野・大禹謨　足利・大禹謨　足利・大禹謨　敦煌・大禹謨 上八・大禹謨　上八・大禹謨　敦煌・大禹謨　九條・胤征 足利・湯誓　敦煌・盤庚　上八・盤庚　敦煌・多士 上八・立政　天理・太甲　敦煌・説命　敦煌・無逸 上元・盤庚
繩	敦煌・説命　岩崎・説命　内野・説命　上影・説命 上八・説命　岩崎・説命　足利・説命　上影・説命 上八・説命　足利・説命
綏	九條・禹貢　上元・盤庚　上影・盤庚　上影・説命 上影・文侯之命
彝	内野・益稷　上影・益稷　島田・洪範　九條・召誥　上影・召誥 敦煌・君奭　敦煌・蔡仲之命　内野・冏命

續表

絲	敦煌・禹貢 岩崎・禹貢 上影・禹貢 上八・禹貢 上八・禹貢 岩崎・禹貢
雖	神田・泰誓 上影・秦誓 上八・召誥 上八・吕刑 上影・五子之歌
蜀	足利・牧誓
蟲	上影・益稷
風	上八・大禹謨 足利・舜典 上影・大禹謨 足利・伊訓 足利・伊訓 足利・洪範 足利・伊訓
土	上八・大禹謨 敦煌・禹貢 九條・禹貢 敦煌・禹貢 敦煌・禹貢 敦煌・禹貢
壤	敦煌・禹貢 上八・禹貢 上影・禹貢 足利・禹貢
坐	内野・太甲 上八・太甲 天理・太甲 上影・太甲
壇	内野・金縢 足利・金縢 上影・金縢 上八・金縢
略	敦煌・禹貢 上八・武成
功	敦煌・大禹謨 九條・禹貢

續表

勸	敦煌·大禹謨 足利·大禹謨 上影·大禹謨 上八·大禹謨 岩崎·盤庚 上元·盤庚 足利·盤庚 足利·多方 上影·盤庚 上八·盤庚 敦煌·多方 九條·多方 内野·多方 上八·多方 敦煌·多方 上影·多方 内野·畢命
勤	足利·大禹謨 上影·大禹謨 内野·大禹謨 足利·武成 上影·武成 島田·武成 上影·大誥 上八·大誥 足利·康誥 内野·多士 上影·多士
勵	敦煌·立政 足利·皋陶謨 上影·立政
協	敦煌·大禹謨 上影·大禹謨 上八·堯典 足利·湯誓 上影·康王之誥

第十四卷

鍛	九條·費誓 内野·費誓 足利·費誓 上影·費誓 上八·費誓
鈞	上影·五子之歌
斲	九條·梓材 内野·梓材 足利·梓材
所	足利·泰誓 内野·旅獒 敦煌·無逸 足利·召誥 上影·召誥

續表

升	足利·舜典 上八·舜典 内野·湯誓 内野·太甲 天理·太甲 敦煌·高宗肜日 敦煌·高宗肜日 岩崎·高宗肜日 内野·文侯之命 天理·太甲 上影·太甲 内野·高宗肜日 足利·高宗肜日
矜	足利·大禹謨 上八·説命 敦煌·多士 上影·大禹謨 上八·大禹謨
輕	上影·大禹謨 内野·吕刑 上八·吕刑 上影·吕刑 上八·大禹謨 天理·太甲
陵	上影·堯典 上影·益稷 九條·禹貢 上影·禹貢 岩崎·畢命 内野·畢命
險	足利·盤庚
陟	敦煌·舜典 内野·舜典 足利·舜典 上影·舜典 上八·舜典 敦煌·君奭 足利·君奭 上影·君奭 上八·君奭
降	内野·吕刑 上八·大誥 上影·大誥 敦煌·君奭 上影·咸有一德 上影·盤庚 上八·湯誥 上影·伊訓 上八·伊訓 上影·伊訓 内野·咸有一德 上影·高宗肜日 上影·泰誓 上影·君奭 上八·大禹謨 敦煌·禹貢

續表

辜	敦煌·大禹謨 九條·仲虺之誥 敦煌·説命 敦煌·微子 上八·酒誥 敦煌·無逸 岩崎·吕刑
辭	天理·太甲 足利·酒誥 内野·大禹謨 上影·酒誥
詞	敦煌·多士 上八·畢命 上八·多士 敦煌·多方 上八·多方
癸	上影·益稷 足利·武成 上影·武成
孺	敦煌·立政 敦煌·洛誥 上八·金縢 上影·金縢 内野·洛誥 足利·洛誥 上影·洛誥 上八·洛誥
孳	内野·堯典 上影·堯典
孤	敦煌·盤庚 上影·盤庚 上八·周官

參考文獻

B

1. 北京大學出土文獻研究所:《北京大學藏西漢竹書》,上海古籍出版社,2012~2015。

C

2. 蔡忠霖:《敦煌漢文寫卷俗字及其現象》,臺北文津出版社,2002。
3. 長沙市文物考古研究所、中國文物研究所:《長沙東牌樓東漢簡牘》,文物出版社,2006。
4. 陳春雷、黃德寬:《論漢字形體演變中的類偏旁》,《語文研究》2016 年第 3 期。
5. 陳公柔:《評介〈尚書古文字編〉》,《燕京學報》(新第 4 期),北京大學出版社,1998。
6. 陳夢家:《尚書通論》,中華書局,2005。
7. 陳鐵凡:《敦煌本〈尚書〉述略》,《大陸雜誌》第 22 卷 8 期,1961。
8. 陳偉武:《論晚清學者對傳抄古文的研究》,《第二屆國際清代學術研討會論文集》,臺灣高雄中山大學中國文學系,1999。
9. 程興麗:《馬融本〈尚書〉異文考辨》,《求索》2012 年第 5 期。
10. 程燕:《詩經異文輯考》,安徽大學出版社,2010。

D

11. 董蓮池:《説文解字研究文獻集成》,作家出版社,2006。

12. 杜澤遜:《尚書注疏彙校》，中華書局，2018。
13. 段玉裁:《説文解字注》，上海古籍出版社，1980。
14. 段玉裁:《古文尚書撰異》,《續修四庫全書》(第46册)，上海古籍出版社，2002。

G
15. 甘肅簡牘保護研究中心等:《肩水金關漢簡》(1—5)，中西書局，2011—2016。
16. 甘肅省博物館、武威縣文化館:《武威漢代醫簡》，文物出版社，1975。
17. 甘肅省文物考古研究所:《敦煌漢簡》，中華書局，1991。
18. 高亨:《古字通假會典》，齊魯書社，1989。
19. 龔道耕:《唐寫殘本〈尚書〉釋文考證》,《華西學報》1936年第4、5、6、7期。
20. 顧藹吉:《隸辨》，中華書局，1986。
21. 顧頡剛:《尚書通檢》，書目文獻出版社，1982。
22. 顧頡剛:《尚書的版本源流與校勘》,《中國典籍與文化論叢》(第5輯)，中華書局，2000。
23. 顧濤:《〈儀禮〉漢本異文構成分析》，南京大學2007年博士學位論文。
24. 郭錫良:《漢字古音手册》，商務印書館，2010。

H
25. 何家興:《戰國文字類化研究》,《漢語言文字研究》(第一輯)，上海古籍出版社，2015。
26. 何山:《漢字的書寫理據及漢字理據的二層劃分》,《陝西師範大學學報》(哲學社會科學版)2014第2期。
27. 洪業:《〈尚書〉釋文敦煌寫卷與郭忠恕之關係》,《洪業論學集》，中華書局，2005。

28. 胡平生:《阜陽漢簡〈詩經〉研究》,《中華文史論叢》(第37輯),上海古籍出版社,1986。
29. 湖北省荆沙鐵路考古隊:《包山楚墓》,文物出版社,1991。
30. 湖北省文物考古研究所、北京大學中文系:《望山楚簡》,中華書局,1995。
31. 黄德寬:《讀〈隸定古文疏證〉》,《史學集刊》2003年2期。
32. 黄德寬:《漢字理論叢稿》,商務印書館,2006。
33. 黄德寬:《古文字譜系疏證》,商務印書館,2009。
34. 黄德寬:《古漢字發展論》,中華書局,2014。
35. 黄德寬:《古文字學》,上海古籍出版社,2015。
36. 黄宏信:《阜陽漢簡〈詩經〉異文研究》,《江漢考古》1989年第1期。
37. 黄沛榮:《古籍異文析論》,《漢學研究》(9卷2期),1991。
38. 黄錫全:《〈汗簡〉注釋》,武漢大學出版社,1990。
39. 黄征:《敦煌寫本異文綜析》,載《敦煌語言文字學研究》,甘肅教育出版社,2001。
40. 黄征:《敦煌俗字典》,上海教育出版社,2005。
41. 黄焯:《經典釋文彙校》,中華書局,1980。

J

42. 季旭昇:《説文新證》,福建人民出版社,2004。
43. 賈貴榮:《歷代石經研究資料輯刊》,北京圖書館出版社,2005。
44. 蔣善國:《〈尚書〉綜述》,上海古籍出版社,1988。
45. 金德建:《經今古文字考》,齊魯書社,1986。
46. 荆門市博物館:《郭店楚墓竹簡》,文物出版社,1996。
47. 景盛軒:《〈大般涅槃經〉異文研究》,巴蜀書社,2009。

L

48. 李春桃:《傳抄古文綜合研究》,上海古籍出版社,2021。
49. 李春桃:《古文異體關係研究》,中華書局,2016。

50. 李道明:《隸古定古文芻論》,《于省吾教授誕辰100周年紀念文集》,吉林大學出版社,1996。
51. 李樂毅:《80%的簡化字是“古已有之”的》,《語文建設》1996年第4期。
52. 李零:《〈孫子〉古本研究》,北京大學出版社,1995。
53. 李民:《尚書詞典》,四川人民出版社,1993。
54. 李民、王健:《尚書譯注》,上海古籍出版社,2009。
55. 李榮:《漢字演變的幾個趨勢》,《中國語文》1980年第1期。
56. 李學勤:《論魏晉時期古文〈尚書〉的傳流》,《當代學者自選文庫·李學勤卷》,安徽教育出版社,1999。
57. 李學勤:《簡帛佚籍與學術史》,江西教育出版社,2001。
58. 李學勤:《尚書孔傳的出現時間》,《古籍整理研究學刊》2000年第1期。
59. 李學勤:《清華簡與〈尚書〉、〈逸周書〉的研究》,《史學史研究》2011年第2期。
60. 李遇孫:《尚書隸古定釋文》,《尚書古文字編》(附録一),上海古籍出版社,1996。
61. 李運富:《漢字職用研究》,中國社會科學出版社,2017。
62. 連雲港市博物館等:《尹灣漢墓簡牘》,中華書局,1997。
63. 梁春勝:《楷書部件演變研究》,綫裝書局,2012。
64. 廖名春:《清華簡與〈尚書〉研究》,《文史哲》2011年第6期。
65. 林素清:《利用出土戰國楚竹書資料檢討〈尚書〉異文及相關問題》,《龍宇純先生七秩晋五壽慶論文集》,學生書局,2000。
66. 林志强:《據古本〈尚書〉論衛包改字》,《福建師範大學學報》(哲學社會科學版)2005年第1期。
67. 林志强:《根據古本〈尚書〉材料補正大型字典舉例》,載《海峽兩岸辭書學研討會暨福建省辭書學會第十七届學術年會論文集》,2005。
68. 林志强:《古本〈尚書〉特殊文字例説》,《中國文字研究》(第5輯),廣西教育出版社,2004。

69. 林志强:《古本〈尚書〉文字研究》，中山大學出版社，2009。
70. 劉釗:《古文字構形學》，福建人民出版社，2011。
71. 劉起釪:《尚書學史》，中華書局，1989。
72. 劉起釪:《尚書源流及傳本考》，遼寧大學出版社，1997。
73. 劉起釪:《尚書校釋譯論》，中華書局，2005。
74. 劉起釪:《顧頡剛先生卓越的〈尚書〉研究》，《文史哲》1993 年第 2 期。
75. 劉起釪:《〈尚書〉的隸古定本、古寫本》，《史學史研究》1980 年第 3 期。
76. 劉起釪:《關於隸古定與河圖洛書問題》，《傳統文化與現代化》1997 年第 2 期。
77. 劉起釪:《尚書研究要論》，齊魯書社，2007。
78. 劉玉才:《阮元〈十三經注疏校勘記〉平議》，《中國社會科學報》2017 年 2 月 13 日。
79. 劉玉才:《十三經注疏校勘記》，北京大學出版社，2016。
80. 劉玉環:《秦漢簡帛訛字研究》，中國書籍出版社，2013。
81. 陸明君:《魏晉南北朝碑别字研究》，文化藝術出版社，2009。
82. 陸錫興:《〈詩經〉異文研究》，中國社會科學出版社，2001。
83. 林燾、陸志韋:《〈經典釋文〉異文之分析》，《林燾語言學論文集》，商務印書館，2001。
84. 吕浩:《〈篆隸萬象名義〉校釋》，學林出版社，2007。
85. 吕文郁:《〈尚書〉學研究概況》，《儒家典籍與思想研究》(第 1 輯)，北京大學出版社，2009。
86. 陸德明:《經典釋文》，中華書局，1980。
87. 羅振玉:《古文間存於今隸説》，《羅振玉學術論著集》(第 10 輯)，上海古籍出版社，2013。

M

88. 馬承源:《上海博物館藏楚竹書》，上海古籍出版社，2001。
89. 馬衡:《凡將齋金石叢稿》，中華書局，1996。

90. 馬衡:《漢石經集存》，上海書店出版社，2014。
91. 馬士遠:《兩漢尚書學研究》，中國社會科學出版社，2014。
92. 馬雍:《尚書史話》，中華書局，1982。
93. 毛遠明、何山:《"皀"的俗變考察》,《中國語文》2010年第6期。
94. 毛遠明:《漢魏六朝碑刻異體字字典》，中華書局，2014。
95. 毛遠明:《漢魏六朝碑刻異體字研究》，商務印書館，2016。

P
96. 潘重規:《敦煌唐寫本尚書釋文殘卷跋》,《志林》1941年第2期。又載《國學季刊》7卷2期,《民國期刊資料分類彙編·敦煌學研究》(全四册)，國家圖書館出版社，2009。
97. 潘重規:《〈龍龕手鑑〉及其引用古文之研究》,《中國語文研究》第8期，1986。
98. 皮錫瑞:《經學歷史》，中華書局，1959。
99. 皮錫瑞:《經學通論》，中華書局，1988。
100. 皮錫瑞:《今文尚書考證》，中華書局，1989。

Q
101. 齊元濤:《隋唐石刻篆文與漢字的當代化》,《陝西師範大學學報》(哲學社會科學版)2016年第2期。
102. 錢宗武:《尚書詞典》，貴州人民出版社，1991。
103. 錢宗武:《〈尚書〉文字歧異成因説》,《零陵學院學報》1991年第4期。
104. 錢宗武:《〈尚書〉通假研究》,《古漢語研究》1994年第4期。
105. 錢宗武、陳楠:《論敦煌寫本〈尚書〉的異文類型及其特點》,《古籍整理研究學刊》2006年第3期。
106. 清華大學出土文獻研究與保護中心:《清華大學藏戰國竹簡》(1—12)，中西書局，2010~2022。

107. 裘錫圭:《從純文字學的角度看簡化字》,《語文建設》1991年第2期。
108. 裘錫圭:《古代文史研究新探》,江蘇古籍出版社,1992。
109. 裘錫圭:《中國古典學重建中應該注意的問題》,《北京大學中國古文獻研究中心集刊》(二),燕山出版社,2001。
110. 裘錫圭:《裘錫圭學術文集》,復旦大學出版社,2012。
111. 裘錫圭主編、湖南省博物館、復旦大學出土文獻與古文字研究中心:《長沙馬王堆漢墓簡帛集成》,中華書局,2014。
112. 屈萬里:《尚書異文彙録》,聯經出版事業公司,1983。
113. 屈萬里:《尚書集釋》,中西書局,2014。
114. 屈萬里:《尚書今注今譯》,上海辭書出版社,2015。

S

115. 沈芸:《古寫本〈群書治要・後漢書〉異文研究》,復旦大學2010年博士學位論文。
116. 申紅義、梁華榮:《〈經典釋文〉異文新證——以簡帛文獻爲依據》,《學術評論》2008年第6期。
117. 申紅義、梁華榮:《〈經典釋文〉異文釋例》,《古籍整理研究學刊》2009年第3期。
118. 申紅義:《從簡帛文獻看〈經典釋文〉異文成因及來源》,《青海師範大學學報》(哲學社會科學版)2015年第3期。
119. 施安昌:《敦煌寫經斷代發凡——兼論遞變字群的規律》,《故宫博物院院刊》1985年第4期。
120. 睡虎地秦墓竹簡整理小組:《睡虎地秦墓竹簡》,文物出版社,1990。
121. 蘇傑:《三國志異文研究》,齊魯書社,2005。
122. 孫海波:《魏三字石經集録》,北平大業印刷局,1937。
123. 孫啓治:《略論〈尚書〉文字問題》,《歷史文獻》(第五輯),上海科學技術出版社,2001。
124. 孫啓治:《唐寫本俗别字變化類型舉例》,載《敦煌吐魯蕃文獻研究論集》(第五輯),北京大學出版社,1988。
125. 孫星衍:《尚書今古文注疏》,中華書局,1998。

T

126. 湯餘惠:《略論戰國文字形體研究中的幾個問題》,《古文字研究》(第十五輯),中華書局,1986。
127. 童嶺:《隸古定本,不絕若綫——唐鈔本"僞〈古文尚書〉"九條、神田二種考銓》,《域外漢籍研究集刊》(第九輯),中華書局,2013。

W

128. 王重民:《敦煌古籍叙録》,中華書局,1979。
129. 王丹:《〈汗簡〉〈古文四聲韻〉新證》,上海古籍出版社,2015。
130. 王國維:《觀堂集林》,中華書局,1959。
131. 王國維:《古史新證》,清華大學出版社,1994。
132. 王連龍:《近二十年來〈尚書〉研究綜述》,《吉林師範大學學報》2003年第5期。
133. 王世舜:《尚書譯注》,中華書局,2012。
134. 王煦華:《許貞幹味青齋所藏敦煌唐寫本今字〈尚書〉堯典、舜典殘卷》,《文獻》2002年第2期。
135. 王彦坤:《論古書異文産生的原因》,《暨南學報》1989年第2期。
136. 王彦坤:《古籍異文研究》,廣東高等教育出版社,1993。
137. 王引之:《經傳釋詞》,岳麓書社,1985。
138. 吴福熙:《敦煌殘卷古文尚書校注》,甘肅人民出版社,1992。
139. 吴金華、蕭瑜:《〈三國志〉古寫本殘卷中值得注意的異文》,《中國文字研究》(第6輯),廣西教育出版社,2005。
140. 吴辛丑:《簡帛異文的類型及其價值》,《華南師範大學學報》(社會科學版)2000年第3期。
141. 吴辛丑:《簡帛典籍異文研究》,中山大學出版社,2002。

X

142. 夏竦:《古文四聲韻》，中華書局，1983。

143. 向熹:《〈詩經〉語文論集》，四川民族出版社，2002。

144. 肖瑜:《〈三國志〉古寫本用字研究》，上海教育出版社，2011。

145. 徐時儀:《略論文獻異文考證在漢語史研究中的作用》，《廣州大學學報》2006年3期。

146. 徐秀兵:《近代漢字的形體演化機制及應用研究》，知識産權出版社，2015。

147. 徐在國:《隸定古文疏證》，安徽大學出版社，2002。

148. 徐在國:《〈隸定古文疏證〉前言》，安徽大學出版社，2002。

149. 徐在國:《傳抄古文字編》，綫裝書局，2006。

150. 許建平:《敦煌經籍叙録》，中華書局，2006。

151. 許建平:《敦煌本〈尚書〉叙録》，《敦煌文獻叢考》，中華書局，2006。

152. 許建平:《BD14681〈尚書〉殘卷考辨》，《敦煌文獻叢考》，中華書局，2006。

153. 許建平:《北敦14681號〈尚書〉殘卷的抄寫時代及其版本來源——與王煦華先生商榷》，《敦煌文獻叢考》，中華書局，2006。

154. 許建平:《敦煌出土〈尚書〉寫卷研究的過去與未來》，《敦煌文獻叢考》，中華書局，2006。

155. 許建平:《敦煌經籍寫卷的學術價值》，《儒家文明論壇》(第1期)，山東人民出版社，2015。

156. 許建平:《敦煌經學文獻論稿》，浙江大學出版社，2016。

Y

157. 楊善群:《古文〈尚害〉流傳過程探討》，《孔子研究》2004年第5期。

158. 楊樹達:《積微居讀書記》，上海古籍出版社，1996。

159. 楊筠如:《尚書覈詁》，陝西人民出版社，1959。

160. 易敏:《雲居寺明刻石經文字構形研究》，上海教育出版社，2005。

161. 銀雀山漢墓竹簡整理小組:《銀雀山漢墓竹簡》，文物出版社，1985。
162. 于省吾:《論俗書每合於古文》,《中國語文研究》(第5期)，香港中文大學中國文化研究所，1984。
163. 于省吾:《雙劍誃群經新證》，上海書店出版社，1999。
164. 于省吾:《甲骨文字釋林》，商務印書館，2010。
165. 俞紹宏:《敦煌寫本〈詩經〉異文中的隸古定古文探源》,《勵耘學刊》(第20輯)，學苑出版社，2014。
166. 虞萬里:《三禮漢讀異文及其古音系統》,《語言研究》1997年第6期。
167. 虞萬里:《上博簡郭店簡〈緇衣〉與傳本合校拾遺》，載《上海博物館藏楚竹書研究》，上海書店出版社，2002。
168. 虞萬里:《榆枋齋學林》，華東師範大學出版社，2012。
169. 虞萬里:《〈詩經〉異文與經師訓詁文本探賾》,《文史》2014年第1期。

Z

170. 臧克和:《尚書文字校詁》，上海教育出版社，1999。
171. 曾良:《俗字及古籍研究通例》，百花洲文藝出版社，2006。
172. 曾憲通:《曾憲通學術文集》，汕頭大學出版社，2002。
173. 曾憲通:《古文字與漢語史論集》，中山大學出版社，2002。
174. 曾憲通:《古文字與出土文獻叢考》，中山大學出版社，2005。
175. 張富海:《漢人所謂古文之研究》，綫裝書局，2007。
176. 張桂光:《古文字論集》，中華書局，2004。
177. 張國淦:《張國淦文集》，燕山出版社，2000。
178. 張國淦:《尚書異文表》,《張國淦文集續編》(經學卷)，燕山出版社，2003。
179. 張涌泉:《敦煌經部文獻合集》，中華書局，2008。
180. 張涌泉:《敦煌寫本異文釋例》,《著名中青年語言學家自選集·張涌泉卷》，上海教育出版社，2011。
181. 張涌泉:《張涌泉敦煌文獻論叢》，上海古籍出版社，2011。

182. 張涌泉:《敦煌俗字研究》, 上海教育出版社, 2015。

183. 張涌泉:《敦煌文獻整理導論》, 浙江大學出版社, 2016。

184. 張玉春:《〈史記〉版本研究》, 商務印書館, 2001。

185. 章寧:《從内野本隸古定字形看〈尚書〉版本流變》,《勵耘學刊》(第20輯), 學苑出版社, 2014。

186. 趙平安:《説文小篆研究》, 廣西教育出版社, 1999。

187. 趙平安:《隸變研究》, 河北大學出版社, 2009。

188. 周秉鈞:《白話尚書》, 岳麓書社, 1980。

189. 朱承平:《異文類語料的鑒别和應用》, 岳麓書社, 2005。

190. 朱大星:《敦煌本〈老子〉研究》, 中華書局, 2007。

191. 宗福邦等:《故訓彙纂》, 商務印書館, 2003。

圖書在版編目（CIP）數據

古寫本《尚書》異文研究 / 趙立偉著. -- 北京：社會科學文獻出版社，2023.12
ISBN 978-7-5228-2965-4

Ⅰ. ①古… Ⅱ. ①趙… Ⅲ. ①《尚書》－研究 Ⅳ. ① K221.04

中國國家版本館 CIP 數據核字（2023）第 237190 號

古寫本《尚書》異文研究

著　　者 / 趙立偉

出 版 人 / 冀祥德
責任編輯 / 李建廷　王霄蛟
責任印製 / 王京美

出　　版 / 社會科學文獻出版社 · 人文分社（010）59367215
地址：北京市北三環中路甲 29 號院華龍大廈　郵編：100029
網址：www.ssap.com.cn
發　　行 / 社會科學文獻出版社（010）59367028
印　　裝 / 三河市尚藝印裝有限公司

規　　格 / 開 本：787mm × 1092mm　1/16
印 張：14.75　字 數：211 千字
版　　次 / 2023 年 12 月第 1 版　2023 年 12 月第 1 次印刷
書　　號 / ISBN 978-7-5228-2965-4
定　　價 / 89.00 圓

讀者服務電話：4008918866